智元微库
OPEN MIND

成 长 也 是 一 种 美 好

赢在采购

创新思维与职业发展

胡逢春 ——————————————— 著

人民邮电出版社

北京

图书在版编目（CIP）数据

赢在采购：创新思维与职业发展 / 胡逢春著.

北京：人民邮电出版社，2024. 9. -- ISBN 978-7-115
-64593-7

Ⅰ．F253

中国国家版本馆 CIP 数据核字第 20240C7D33 号

◆ 著　胡逢春
　　责任编辑　杨汝娜
　　责任印制　周昇亮

◆ 人民邮电出版社出版发行　　北京市丰台区成寿寺路 11 号
　邮编 100164　电子邮件 315@ptpress.com.cn
　网址 https://www.ptpress.com.cn
　天津千鹤文化传播有限公司印刷

◆ 开本：880×1230　1/32

　印张：8.75　　　　　　　　　2024 年 9 月第 1 版

　字数：153 千字　　　　　　　2024 年 9 月天津第 1 次印刷

定　价：69.80 元

读者服务热线：（010）67630125　印装质量热线：（010）81055316
反盗版热线：（010）81055315
广告经营许可证：京东市监广登字 20170147号

|赞誉|

在过往 30 多年间,中国经济一路高歌猛进,企业家们将目光聚焦于营收、规模、创新和品牌,似乎只要保持增长,成本和效率便显得不再那么重要。然而,时至今日,全球范围内的"黑天鹅"事件频发,不确定性的增强让我们不得不重新思考如何修炼内功,紧紧把握那些我们能够掌控的确定性因素。这或许将成为一种新的常态。

过去,采购和供应链部门往往被视为执行部门,其潜力并未得到充分挖掘。对于企业家而言,这不能不说是一种遗憾;对从事这一领域的工作者来说,同样如此。我有幸与胡逢春在 2012 年相识,她不仅是这一领域的资深专家,还是一位富有经验的职场导师。我坚信,这本书一定能助力更多企业家和采购及供应链行业的从业者,引领他们迈向新的高度。

吴江

帆书(原樊登读书)首席执行官(CEO)、科尔尼咨询中国区前副总裁我与胡逢春同岁，也和她前后脚进入了百胜中国，我们是背靠背的朋友，后来也成了在个人成长路上的好闺密。阅读她的书，我仿佛跟着重温了一遍自己工作 30 年的经历。这本书不是一本典型的写给某一类人的专业书，而是一本一位资深供应链专家梳理出的适合很多人的管理书籍，因为其中所包含的管理逻辑和个人成长的感悟，已经不再局限于某个职能和专业了。用好奇心和"做一行爱一行"的热情去点燃任何一个领域，都将无往而不胜。她通过穿插在书中的案例将自己 30 年风雨中积累的干货和盘托出，希望对有缘看到这本书的你有所帮助。期待胡逢春的下一部作品早日出版。

王双

康宝莱（中国）前财务和营运副总裁

胡逢春结合 30 年来在多家跨国头部餐饮企业丰富的工作经验和亲身经历，辅以具有代表性的案例，以一个资深行业中人的独特见解，揭示了专业化采购供应链的真谛。

相信此书，对餐饮行业和其他各个行业从组织、管理到执行的采购供应链，都具有相当大的启迪和参照作用。

谢岚

美国裴顿农场有限公司中国区前总经理

高效的供应链支撑必将成为连锁餐饮品牌提升竞争力的基石。胡逢春的这本书非常系统地诠释了供应链管理的要义以及对各个节点的把控，案例翔实，方法落地，可谓是餐饮供应链管理者不可错过的从业指南。

高磊

上海食神供应链管理有限公司创始人、总经理

良辰美馔餐饮商学院创始人

胡老师不仅拥有在供应链领域从业多年的经验，还在与我们合作期间给我们提供了从产品、商品到出品的全链路思维。这本书在原料和产品经理思维下的开发策略方面，为众多企业理解中国连锁餐饮的采购起到了引领作用。非常值得推荐，建议优秀的餐饮企业人仔细阅读。

姚哲

合众合餐饮咨询创始人

好特卖刚成立买手团队的时候，有幸请胡逢春来做过一次分享。她风趣幽默地帮大家掀开了跨国公司采购的层层面纱，尤其是清晰梳理了新晋买手的成长路径。她的分享为我们随后开启买手管培生培养计划带来了很大的启发。

张宁

好特卖联合创始人

序

我的采购总监进阶之路

我终生的梦想是，帮助更多的餐饮企业提高采购供应链管理水平。这个梦想始于 2012 年，当时我从上海小南国餐饮集团离职。离职的消息刚刚公开，我就收到了八家中餐企业的工作邀请。这些企业大多是营业收入在两亿元左右的本土餐饮企业。这个事实说明，虽然国内的餐饮企业迫切地想要提高采购供应链管理能力，但由于企业自身的资金、资源有限，加上中小型民营企业的企业文化和工作环境对"专业化供应链"的落地不够友好，因此企业主无法获得想要的支持。于是，我萌生了建立餐饮供应链共享平台的念头。

2013 年，我和另外几个伙伴成立了"中国采购供应链管理协会"，旨在集结行业专家，通过资源和经验的共享，让更多餐饮企业以很低的成本获得业内最先进的采购供应链知识和技能。然而，由于时间投入不足、资金短缺和技术条件限制等原因，最后"中国采购供应链管理协会"不得不遗憾谢幕。

随着互联网技术的发展和人工智能的兴起，知识变得越来越容易获得，知识分享的工具也越来越多、使用越来越方便。年轻的餐饮企业创始人对供应链"社会化"持更开放的态度，开始主动寻求更灵活的供应链管理组织形式和高度互赖的供应链体系——这些变化让我看到梦想接近现实的可能性。

我在餐饮零售行业工作了30年，其中的25年专注于供应链领域。之后虽然工作范畴变广，但我仍旧在这一领域不断地观察和学习。关于供应链管理和采购管理方面的图书，我阅读了不少。大部分的供应链、采购管理图书在理论提炼和知识框架梳理方面，已经做得非常完整了。这些理论和知识框架，对于供应链管理专业的在校生或者有职业考证需求的考生，是不可或缺的学习资料。然而，对采购供应链从业者来说，需要的则是懂得如何实践，如何在实际工作中迅速识别问题、解决问题、预测问题和防范问题，以及直击本质的分析、卓越实践的参考和举一反三的引导。

我的第一份工作是在国有外贸进出口公司担任外销员，负责和外商洽谈，把产品卖到国外，简单而言就是"海外市场销售代表"，办公地点在上海外滩 26 号（中山东一路 26 号）。在 2023 年 12 月热映的电视剧《繁花》中，汪小姐供职的"27 号"就在我的隔壁。当时，国家正对外贸的归口管理制度进行改革，并逐步将其转型为备案登记制度，进出口经营权将从国有外贸公司专有，逐渐转为开放给所有符合条件的企业。

彼时，失去专营权的国有外贸公司才刚刚开始感受到在市场竞争中觅食的压力，为了拓展业务，我们的工作也从专业对口的糖果巧克力类，扩展到设备、服装、水果等。作为学徒，我负责跟进一些规模不大的传统业务、支援需要英文翻译的老师傅、跑检验检疫流程、央求物流科的师傅及时预定舱位、去财务科开信用证、去银行打承兑汇票，还有打扫卫生、打水和帮大家买午饭……由于年纪小，业务不熟悉，我经常被能力强、工作繁忙的前辈们教训。所幸当时带我的师父是和我毕业于同一所大学的学姐，她手把手教了我很多，也给了我不少业务机会，让我能够独自历练、成长。几年下来，我对于进出口业务的实操流程已经烂熟于心。

20 世纪 90 年代初，外资大量涌入中国。看到那些与我同龄的外企职员已经能够独当一面，代表公司洽谈业务，我也希望自己能在职业发展上有更大的进步。在连续投出无数份简历之后，终于有一位摩根柏客顾问公司的猎头联系了我。我成功入职了中国百胜餐饮集团（以下简称百胜中国），成为一名采购助理。猎头顾问跟我说："你是我们迄今为止职位最低的候选人，但国内实在没有专业采购的人才了，你的背景已经是最接近的了。"

入职百胜中国后，我的职业生涯跟着公司的发展一路成长。12年间，我从采购助理一步步走到采购副总监的职位。百胜中国是一家了不起的公司，它不仅实现了企业的使命，成为全中国乃至全世界最成功的餐饮企业之一①，取得了巨大的商业成功，也培养了数量众多的餐饮职业经理人。我当年的"战友们"如今大部分都在各知名餐饮、咖啡和烘焙品牌担任要职。这些人也将百胜中国的工作流程、思考方式和决策逻辑输出到了整个行业，影响了几乎所有的餐饮品牌，因此百胜中国也被称为"餐饮业的黄埔军校"。更难能可贵的是，百胜中国旗下的肯德基、必胜客在中国的发展带动了上下游企业的升级，帮助诸多企业提升了管理水平和技术水平，其中和采购供应链相关的精彩故事，将在本书中讲述。

① 红餐网发布了 2023 中国餐饮品牌力 100 强排行榜，榜单依据品牌的消费口碑、荣誉背书、媒体传播、运营健康、业内关注五大维度进行综合评定，肯德基（中国）、麦当劳（中国）、海底捞分别位列前三，品牌指数分别为 990.5、989.9、986.3。排名第一的肯德基（中国）就是百胜中国旗下品牌。

在百胜中国的工作经历让我一生感恩。我离开百胜中国之后的职业生涯好像有些飘摇，让我有种"离开师门独自下山的侠客，孤身仗剑走天涯"的感觉。如今回望，我相信"人生没有白走的路，每一步都算数"，小南国、亨氏、星巴克、皮爷咖啡、樊登读书[①]都教会了我一些自己原本不会，甚至完全不了解的工作内容。

在百胜中国的 12 年工作经历，奠定了我作为职业经理人的底色——理性、效率、坦白。在星巴克的 6 年职业发展，教会了我创业者的基本素质——热爱、信仰、真实。正是这些总和，造就了今天的我。不论好与坏，这就是我。在这本书中，我将一一和大家分享与采购供应链相关的故事。

我相信这本书只是一个开始。随着互联网技术的进一步发展，一些原先只为少数巨头公司所拥有的智力资源、工具和方法，会逐渐变成公共资源。我也非常愿意成为智力资源共享的一部分，为中国餐饮供应链管理事业尽一份绵薄之力。

我期待你在打开这本书的时候，已经拥有一定的供应链基本知识，熟知订单、成本分析、供应商管理等专业名词。如果你已

---

① 樊登读书于 2023 年更名为帆书。

经在餐饮供应链领域工作一年以上，那么阅读本书会相对轻松。我更期待你在阅读本书时可以抱持结构化的思考方式，那会让你事半功倍。

结构化思考的概念源自芭芭拉·明托（Barbara Minto）的《金字塔原理》（*The Minto Pyramid Priciple*）一书，指的是以结构化的视角从多个侧面切入，全面而清晰地、强调"先总后分"地分析事物的一种方法。运用这种思考方式，你可以将杂乱无章的信息清晰归类，找到相互之间的逻辑关系，迅速找到根本问题（见图1）。

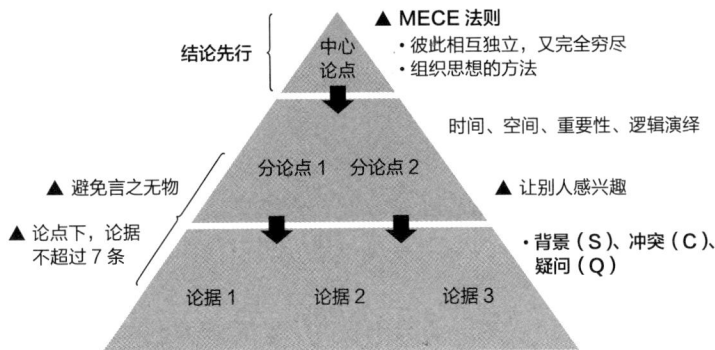

图 1　金字塔原理

本书既可以作为餐饮企业的内训材料，也可以帮助企业创始人、供应链负责人迅速了解餐饮采购供应链的基本逻辑和核心关注点，帮助自己和团队快速找到企业当下一些供应链问题的根本解，从而提高采购供应链的组织能力、管理能力和执行能力。

本书也适合对餐饮供应链一无所知的人阅读，书中有大量有趣的故事和我的真实经历，即便你不从事餐饮供应链这个行业，但是大道至简、触类旁通，也一定会让你在读到某些章节时会心一笑。

我在成长过程中得到了很多前辈和朋友的支持，从他们身上，我学到了太多东西。虽然他们中有些人不会阅读中文，但我仍然想在此对我终身的良师益友表达我的感激之情。他们是：裴华庆[Joaquin Pelaez，中国百胜餐饮集团前首席供应官（CSO），2018年因病离世]；苏敬轼（中国百胜餐饮集团前 CEO）；樊登（帆书创始人）；高黛佩（Tobie Gordon，星巴克中国前供应链副总裁）；布伦特·丹尼斯顿（Brent Denniston，星巴克前全球供应链副总裁、夏辉集团全球合伙人）；康捷（小南国餐饮集团前 CEO、知名投资人）；吴江（帆书 CEO）；谢岚（美国裴顿农场有限公司中国区前总经理）；高磊（良辰美馔餐饮商学院创始人）；王双（康宝莱中国副总裁）；张宁（好特卖联合创始人）。

如果一个人可以把供应链做得很好，平衡好价格、质量、持续供货和创新发展的关系，那他一定也会将生活平衡得很好。尽管每个人活好的标准不同，但是我们想要的可能都是深藏于内心的幸福感、做好一些事情的成就感和维护好关系的满足感。在工作中，我们要平衡好各环节的工作；在生活中，我们也需要平衡好各种杂事。在这个过程中，我们会发现生活和工作居然在本质上是一致的。

女性成长的路径，就是不断转身，转身成为妻子，成为母亲，成为职场的中流砥柱，成为高级管理者，既要时刻做好冲刺的准备，也要能够随时平静下来。女性要怎样才能确定自己，确定想要的生活？我一直想找到问题的答案。

我想把我的人生体会和故事与工作和实践结合起来，和大家聊一聊如何找到自己的心中所爱，希望能给年轻人指明方向：如何在年轻的时候付出努力，在年长后过上自己想要的生活。

写这本书的目的是和所有的同行分享我 30 年的所学所得。我是如此迫不及待地要和大家分享这本书的内容，如果能够给大家带来更好的工作和生活的新启发，我将不胜荣幸。

胡逢春

上海，2024 年 7 月

目 录

01

第一章

认知
重新理解采购

我是如何理解采购的

　　值得肯定的是，采购是一个非常好的职业。一家公司通常只专注于在一个领域发展，哪怕是集团化、跨行业的公司也只会局限于几个领域。而采购有机会了解很多不同的行业，如果你愿意花时间研究采购，你甚至可以成为多个行业的专家。

　　这种感觉有点像演员，虽然不能活成不同的人，但可以在演艺生涯中体验不同的人生。一家标准的餐饮企业，需要采购的物品有：原料，例如鸡肉、蔬菜等农产品；调味料、腌制料等加工食品；塑料盒、纸巾等包装物料；桌椅、板凳等家具类用品；室内装修、IT 系统软件等服务类商品。

　　对采购金额巨大的餐饮集团来说，采购还会追溯到供应商的供应商，因此采购关注的范畴可以扩大到塑料薄膜、糖、乳制品等产品。我访问过近 1000 家工厂，这些工厂涉及的行业横跨肉鸡屠宰、水产养殖、玻璃制品、印刷包装、陶瓷制品、冷冻食品、面包烘焙、蔬菜加工、奶牛饲养、软件服务等。我好奇心比较重，喜欢问问题，问得多了，就对各行业都稍懂一点。在和别人聊天的时候，我总能找到相关的话题。对于一些领域，我只是懂一点皮毛，比如腌制料的成本结构和药品类似，有些养殖的南美白对虾是"独眼龙"等。而在自己下了功夫的领域，就会理解得更深入一点，例如肉鸡的风味虽然不佳，但安全性比散养鸡可靠；农产品价格的变动遵循"蛛网理论"[1]；奶牛和肉牛是温室气体排放的"罪魁祸首"……这些知识给了我很多谈资，但更重要的是引发了一些跨行业的思考。

　　20 世纪八九十年代，白羽鸡肉出口是我国重要的外汇来源，鸡肉供应商一度都在追求规模，以"日宰 10 万羽"为目标。后来我们发现，供应商的管理成本并没有因为规模的扩大而下降。于是，我们和多家供应商一起探讨了"规模效应"这件事。虽然还没有十分准确的科学理论论证，但大家达成了比较一致的意见：作

---

① 蛛网理论用于分析价格与产量变动过程中的动态均衡现象，这一理论在二维坐标图上的形状类似蛛网，因此得名。

为劳动密集型企业，单家白羽鸡屠宰场的最佳规模是日宰6万只左右。这个结论符合边际效益递减的规律，也给我提出了一个新的问题——餐饮企业规模有没有"最佳店数"？答案是"一定有"。

今天，我们看到华莱士以自创的"合伙合作"模式第一个达到了2万多家的规模，而更多的新餐饮品牌也都不约而同地选择了加盟模式。这个选择不仅出于扩张速度和扩张成本的考量，也规避了由于规模过大而造成的总部管理成本不降反升的矛盾。在找到最佳店数之前，推行加盟是一个不完美但可行的方案。

在餐饮企业规模这个问题上，值得关注的一个品牌是萨莉亚。这个以30年不涨价而出名的平价西餐品牌，始创于日本，在中国采取的是南北东3个总部分别管理的策略，每个总部服务几十家到100多家门店不等。除了有明显且确定的成本优势的协同，其他工作（运营、研发和大部分采购）都是独立运作的。我认为，萨莉亚一定不是不了解经济规模，采用这种"三分天下"的总部管理模式，是为了服务他们"极致性价比"的大战略而有意为之的。

从采购成本相关的供应商最佳规模，到本行业餐饮连锁的最佳规模，这种思考的迁移对于采购供应链人员转型成为企业的操盘手是很有帮助的。这也是我坚信采购供应链出身的职业经理人，具备转型为企业操盘手优势的原因。

采购部门是支持性部门，属于中后台，因此，采购人员注定成不了"明星"，但这并不意味着采购供应链出身的职业经理人天然缺乏战略思维。采购供应链是企业中链接外部行业专家最多的团队，接触到的行业信息比企业内部任何团队都要广泛。采购供应链从业者缺少的不是察觉行业动向的敏感度，而是参与企业战略讨论的机会，以及和前台部门（销售、市场等直接面对顾客或客户的部门）讨论非采购本职工作领域事务的勇气。

另外，采购是一种很容易"招黑"的工作。第一次见面的人，听说你是做采购的，都会说一句"哈哈，美差啊"。言下之意就是，采购是一个捞回扣的"肥差"。

其实，大多数企业对职业行为准则是非常重视的。采购作为敏感岗位，频繁地被要求参加各种在线培训，不断地被提醒"零容忍的行为边界"。采购相关人员还需签署行为准则协议，定期申报利益冲突等事项。百胜中国还设有资产保护部门对内部进行审核，严格到令人毫无非分之想。

当然，也有一些企业的采购人员被默认是处于灰色地带的。

一些初创或中小规模的餐饮企业老板会让自己的亲属任职采购岗位，但仍然减少不了"捞回扣"现象。人在优势地位（买方）往往会利令智昏。血缘关系也没办法抵抗利益诱惑，反而会滋长灰色交易，当事者往往会认为，血缘关系可以使自己在东窗事发时免于担责。

正因为存在采购人员"捞回扣"的现象，所以我们在建立采购决策机制的时候会建议"三权分立"，相互监督，让贪腐变困难。加上互联网技术使信息差近乎消弭，平台采购、AI 采购助手可以一秒实现价格对比，采购这个职业已经变得越来越阳光了。

虽然采购人人都能做，但要做到优秀是不容易的。简单来说，采购就是拿着公司的钱去买东西，这个动作基本人人都会。责任心强一点的采购人员能做到多方比价，节省成本。更好一点的采购人员会建立方法，举一反三。而优秀的采购人员能够预见未来，通过采购技术和供应商关系，为企业创造竞争性优势。

那么，什么样的人更有可能成为优秀乃至卓越的采购人员？

我认为以下这些特质比较重要（见图 1-1）。

图 1-1　采购人员的特质

企图心

有句话叫作"天道酬勤"，我比较赞成这个说法。人有 4 种类型，天赋高且勤奋、天赋不高但勤奋、天赋高但不勤奋、天赋不高且不勤奋。虽然天赋高的人是少数，勤奋却是个人通过努力可以做到的。努力未必能成功，但不努力基本上是不会成功的。而一个人如果有要求、有企图、有使命、有目标，那么他在一些事情上就会付出额外的努力，从而更靠近成功。

好奇心

好奇心是创新能力的孵化器。和其他工作一样，采购供应链固然有既定的方法和理论，但创新才是将采购供应链工作推向更高水平的重要力量。

解决问题的能力

无论是打工还是创业，本质都是要解决问题。创业是要解决一个未被解决的社会问题，通过解决这个问题来给顾客提供价值，进而实现企业成功。打工则是解决企业在某个局部、某个特定时段出现的问题，通过解决问题提供岗位价值，从而实现职场进阶。解决问题的能力需要通过实践来积累，实践经验并非仅限于工作经验。很多学生在求学期间组织各种学校社团、参与社会公益项目、兼职赚零花钱、创业做小生意，这些都是实用的锻炼解决问题能力的路径。

良好的学习能力

学历是一个人学习能力的一种证明，虽然学历并不等同于能力，但会不会读书、解题，在很大程度上体现了一个人的逻辑思维能力、持续学习的意愿和毅力，以及自我管理能力。

好奇心驱动探索的欲望，学习能力决定探索的质量，而解决问题的能力可以促使改变。

其他特质

采购人员还要有包容他人的耐心、乐意倾听的虚心、感同身受的同理心。无论在哪个岗位，我们都希望自己能够包容、谦和。

对处于支持性位置的采购供应链伙伴来说，耐心和同理心显得尤为重要。

企业在不同阶段所需要的员工的特质是不同的。初创企业对员工的情绪稳定性要求特别高，员工不能被外界环境所左右，要坚定且坚持；大企业特别强调员工的合作精神，要有乐于见到并支持他人成功的胸怀。不同企业有不同的文化和招聘要求，具体到每家公司又有不同。比如星巴克的人文气质非常强，他们始终强调，自己的企业以咖啡为媒介为顾客服务，要求员工时时处处以人为本。

我在加入星巴克前，面试历时 10 个月。每一次去面试，临别时总会获赠两张咖啡品尝券。HR（人力资源）说，不管最后是否成为伙伴（星巴克对员工的称呼），都感谢你花时间来和我们交流。我印象深刻的是最后一次面试，面试官是现任星巴克中国 CEO 王静瑛女士，谈到人和组织时，她略显激动地说了这样一句话："在星巴克，人是第一位的，没有任何事比人更重要。"

在星巴克工作期间，我感受到了包容，他们接纳我成为其中一员，离开后我仍然很感激在星巴克工作的那段时间。我理解的好品牌，就是当你想起这个品牌时，会心生向往，想为这个品牌服务或想成为其中的一员，这才是深度认可。

第二节

公司为何需要采购部门

    采购部门是公司的支持性部门，虽然没有人会说采购不重要，但也很少有管理者在表彰团队的时候会第一时间提到采购部门。采购的基本职能是链接和协同外部供应资源，为企业获得竞争性优势，从而支持、推动企业的成长和发展。

    采购供应链行业有一句调侃的话——"没有消息就是好消息"。我们每天早上打开店门，默认只要按下开关，灯就会亮，空调就会瞬间启动；翻转平板电脑，顾客扫码就能点单；转动咖啡机蒸汽阀，蒸汽就会冒出来；打开冰柜，新鲜的糕点已经被整齐地码放在层板上。

    这一切的背后有电力、无线网络、食品供应商、POS 系统[①]有

[①] 即销售时点信息系统。

条不紊地运转，使用者在丝滑的使用体验中感觉不到它们的存在。一旦网络中断、送货延迟、设备故障，经营活动便立刻大受影响，你马上就会感受到混乱，急忙打电话找你的供应链伙伴，这就是"没有消息就是好消息"的原因。供应链如果能够做到让前台部门的伙伴感觉不到供应链的存在，那就是成熟、稳定、牢固的供应链。

采购在企业中不是明星岗位，也鲜有采购供应链出身的高级管理者升任企业 CEO，这未免令人有些气馁。好在这个行业中也有激进派，他们提出了"进攻型供应链"（aggressive supply chain）的概念。进攻型供应链强调采购供应链对企业战略的作用，它不仅限于支持，还可以主动影响甚至引导企业战略。

2016 年是咖啡品牌群雄登场的一年，许多咖啡品牌在开设首店时，无一例外地照搬了星巴克的模式：一样的牛奶品牌、一样的滤水系统、一样的收银机……而彼时的供应链国产化已经完全具备了替代进口品牌的能力，尤其是 IT 系统，SaaS（软件运营服务）交付逐步取代本地部署，这不仅大大降低了购买成本，还提供了更大的灵活性。

在看到 FLIPOS[①]的招牌翻转动作后，我就对这种收银系统非常着迷。于是，我为我当时所在的咖啡品牌调整了收银系统——

① 一家成立于 2017 年的 SaaS 智慧零售系统服务商，提供 POS 收银、客户关系管理（CRM）和小程序等功能于一体的收银系统。

从传统的收银机模式切换到 SaaS 交付的 POS 收银系统，令企业在预点单、会员管理方面，比竞争对手领先了半步。这个元老级别的咖啡品牌在国内仅有 3 家门店时就已经在 POS 小程序积累了 10 万名用户，为后续的触达和裂变打下了令人羡慕的基础。

在不同阶段，企业对采购的要求是不一样的。

在企业初创阶段，采购的第一要务是供应，得先有货可卖，有料可用。这一阶段强调的是效率，不但要快，还要可靠。初创企业很多时候并不清楚自己需要什么，往往频繁改动需求描述。这时候"抄作业"是一种不错的方法。看看竞争对手用什么，问问行业内的资深供应商用什么更适合。

到了企业开始拓展的阶段，降本会立刻被提上议事日程。这里我们不得不提到"多快好省"这个不可兼得的概念，"快"且"好"是需要付出代价的，代价一般就是更高的采购价格。在企业对速度的要求回归正常后，这部分的溢价首先可以被挤出来。在这个阶段，通过和供应商进行协商，降本是不难达成的。

当企业发展到一定规模时，逐渐形成了自己的优势品类，它们被俗称为招牌产品、爆款。采购支出也开始显现出明显的特点，比如支出占比的多少、采购频率的高低。企业对产品的创新需求也变得越发清晰，和关键品类供应商的相互依赖关系成为企业进一步发展的核心助力之一，采购的工作重点也从"交易"转变为"合作"。2018 年，瑞幸高调宣布与行业头部供应商战略合作，几乎同时，星巴克要求供应商在"星"和"幸"之间选择站队。这是规模企业对供应资源争夺的代表性案例。这也从侧面反映了采购供应链对于规模企业的重要性。

企业对采购的最高要求，是支持企业战略布局，甚至引导企业战略布局。最近两年，有几个不知名的咖啡品牌，凭借其背后的上市企业母公司在东南亚的供应链资源，率先出海。到目前为止，它们不仅单店收益良好，且拓店速度在每年 100 家以上。东南亚的印度尼西亚、越南属于世界主要咖啡产区。这些咖啡品牌在靠近产区的地方建立供应链并开拓市场，相较在市场上随行情波动，忙于平抑成本的咖啡品牌来说，已经赢了一小步。

对咖啡品牌来说，靠近咖啡产区只是获取供应链优势的一种办法。在后文，我会介绍管理成本的各种工具。雀巢咖啡旗下的 ROASTELIER 品牌，就是技术推动供应链重组的一个例子。传统的咖啡豆供应链环节众多，在各个环节都需要成本支出，而品质控制在各个环节都可能存在风险。环节越多，成本越高，品质也越不可控。ROASTELIER 运用了即时脱水锁鲜技术，配套小型烘豆设备，将生豆烘焙场地从大规模集中化的烘豆厂，转移到了咖啡店，更加贴近消费者。这样做重组了咖啡供应链，减少了中间环节和质控风险，节省了建造烘豆厂所需的大笔投资，也避免了传统的手工烘豆造成的风味不稳定问题（见图 1-2）。

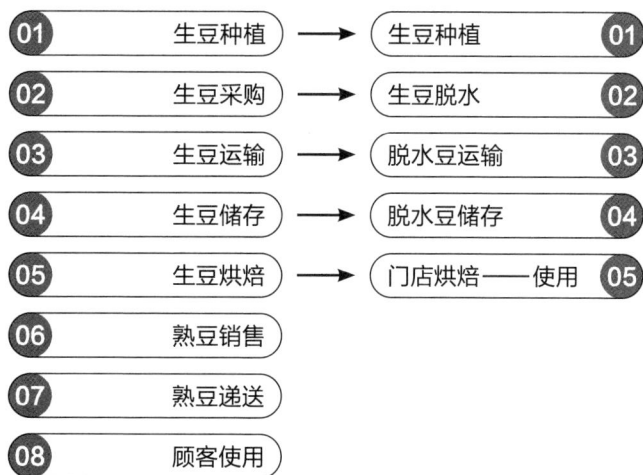

01 生豆种植 →	生豆种植 01
02 生豆采购 →	生豆脱水 02
03 生豆运输 →	脱水豆运输 03
04 生豆储存 →	脱水豆储存 04
05 生豆烘焙 →	门店烘焙——使用 05
06 熟豆销售	
07 熟豆递送	
08 顾客使用	

图 1-2 ROASTELIER 的供应链重组

几乎就在 ROASTELIER 宣布在上海静安寺开设国内首家线下门店的同时，星巴克中国宣布其在昆山的大型烘豆园区落成。星巴克将这个园区定义为咖啡体验的升级，这里不仅是生产工厂，还是体验乐园。从技术先进性的角度看，ROASTELIER 无疑在对整个咖啡行业进行降维打击。星巴克打出文化牌，巧妙地避开技术上正面对比，这是高明的一招。

在星巴克之前，已经有至少数百家企业新建咖啡豆烘焙园或者扩充咖啡豆烘焙产能。靠近上海的昆山产业园已经积聚了10倍于中国年消费量的烘焙产能。令人好奇的是，如果业内早一点知道有了成熟的、分散化的小批量烘焙技术，烘焙园区的建设是否会有不同的决策走向？

图 1-3 总结了企业在不同阶段对采购的要求。

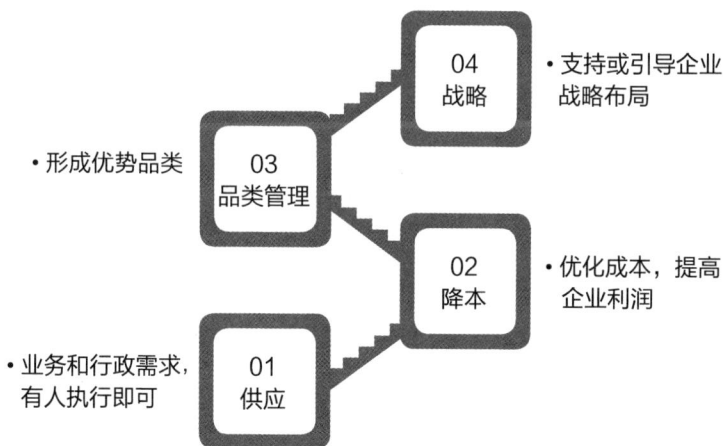

图 1-3 企业在不同阶段对采购的要求

什么样的人能做好采购工作

　　招募采购人员的时候，企业并不限制候选人所学的专业。我们可以看到，采购人员的专业背景各不相同，包括语言文学类、市场营销类等。以实际经验来看，国际贸易专业、物流专业的学生所学的专业知识与采购所需要的专业知识最为接近。

　　国际贸易专业的课程包括"进出口贸易实务""国际商法""合同法"①"国际金融""企业会计""物流管理""国际运输"等，这些都是采购人员必备的专业知识。国内的高校并没有开设采购这个专业，采购、物流从业资格考试也是近几年在中国采购与物流联合会的主持下，逐步组织起来的。到目前为止，关于采购供应链的培训，尤其是餐饮供应链的专业培训，无论是质量还是数量，都远远跟不上需求。

　　从事采购工作需要具备以下专业知识。

---

① 我国自 2021 年 1 月 1 日开始实施《中华人民共和国民法典》，《中华人民共和国合同法》同时废止。

1. 财务知识，包括基本会计常识等；

2. 物流管理的基本知识，包括科学规划、物流规划等；

3. 法律类的基本知识，包括合同法、国际商法和商标法等；

4. 商业类的基本知识，包括贸易实务、结算支付工具等。

以上是从事采购工作所需要的专业知识，拥有以上专业知识的小伙伴入门采购工作会比较快。

我认为其他专业背景的学生当然也可以从事采购工作，我就更看重专业知识以外的能力。

第一，对数字敏感。采购是一份偏理性的工作，我们需要对数字敏感，对于数字的变化反应迅速。

所谓"对数字敏感"，就是看到一个数字或一组数字能够迅速理解数字所陈述的事实。例如，我曾经看到一份采购总监的职位描述，其中对各采购品类的支出占比做了大概的介绍：原料采购支出占比 10%，大型活动支出占比 50%，包装物料占比 20%。根据这组数据，你是否可以快速判断出这可能是一家什么企业？

对数字敏感的人很快可以得出这个结论：该企业的毛利极高，采购重点在于路演等营销宣传的支出，该企业所在的行业很可能是注重品牌宣传的化妆品公司或者注重研发投入的药企。事实上，这份职位描述正是出自一家欧洲的大型药企。

第二，要有逻辑判断能力。在职场中，最重要的能力是解决问题的能力。能否迅速、准确地找到问题的根本原因，对于解决问题的效率和效果是至关重要的。曾经有一家糕点类的供应商，提供的提拉米苏始终没有呈现漂亮的分层，采购人员反复投诉，但问题仍然反复出现。后来，采购人员到工厂现场查看生产过程，发现生产工艺手册的图片就是没有分层的，如果这张图片不改，那么投诉多少次都没用。很多时候，当出现质量问题时，采购人员最常见的反应就是和供应商沟通，口头说、书面提要求，唯独不去思考可能出现问题的环节，也很少在这些环节上着重提醒供应商自查。要知道，供应商出现品质问题很可能不是因为采购人员说得不够多，而是生产过程中出现了行为偏差。要解决问题，需要的是纠正行为，而非不停地沟通。

我在面试的时候，会看重求职者的学习能力。世界日新月异，随时都有新知识需要掌握，无论处于什么年纪、什么职位，都不得不终身学习。有些企业很看重学历，因为学历证明了在学生时代和同龄人相比，你的学习能力处在何种水平。好奇心也是特别重要的一个特质，你不但要有能力学习，更要有意愿学习新知识。

好奇心就是学习新知识的意愿，是学习新知识的第一步。

我也很看重沟通能力。你不必口若悬河，滔滔不绝。沟通能力指的是能够清楚表达自己的想法，并且能充分理解他人的意思。你要有沟通的勇气和坦诚的态度。至于沟通技巧，可以后天培养。

第三，要有责任心。责任心涉及能否对自己承担的工作件件有着落，事事有回应。

在个性特质层面，我非常看重"富足的心态"。富足的心态具体是什么意思呢？就是不过分强调竞争，更相信合作共赢能够创造出更好、更大的结果，参与的各方都可以因为这个结果而分到比之前更大的利益。有富足的心态的人更主动给予，不过度强调个人得失，不追求绝对的公平。没有富足的心态的人则认为资源是稀缺的，"我给予"等于"我失去"。

我离开大公司往更小规模的公司转型的时候，遇到的最大挑战不是业绩压力，而是人。

有些小公司的员工相互抄袭模仿、争夺资源，缺少合作和互信。甚至有的企业的管理者还热衷于鼓励、挑动、激化这样的竞争，似乎只有让员工有危机感才能激发大家的工作动力。

加入百胜中国之后，我感受到企业对于员工的珍惜和爱护。

我当了 7 年鸡肉采购人员，曾访问全世界领先的鸡肉生产商，包括美国泰森、巴西红太阳、泰国正大等公司，这些经历对于我的品类知识的提升，有着无可替代的作用。

除了对员工的培养，百胜中国还强调团队合作，任何一次的庆功或者表彰，没有人会忘记感谢团队，与大家一起分享荣誉。企业的组织架构设置也更多关注如何才能提高协作效率，降低沟通成本，极少出现相互竞争的团队。创业类型的公司、互联网企业，倾向于设置阿米巴[①]，这可能是相对更适合实现企业阶段性目标的组织形式，但也可能因此促使了员工之间的竞争，甚至是倾轧。特别是当人才密度不够，团队创新能力不足时，"内卷"就成了唯一的生存方式。

采购部门是支持性部门，主要功能是链接外部资源，为企业服务，和其他部门协作和协同，而不是竞争和比输赢。

采购工作，门槛不高，但要做到优秀，需要热情。如果你对采购这份工作不热衷、不好奇、不钻研，你最多也就是一个普通的采购人员。当然，在任何行业、任何工作岗位，不付出比别人更多的努力，你都将是平庸的，哪怕你天赋过人。

---

① "阿米巴经营模式"，以各个阿米巴的领导为核心，让其自行核算经营成果，并依靠全体成员的智慧和努力来实现目标。

第四节

采购工作更适合什么性格的人

这两年非常流行 E 人和 I 人①的说法，心理测试量表虽然有一定的信度和效度，但始终不是一个客观的评价。

精密仪器设备能更大程度还原现实情况，相比医学检查、影像学检查，心理测试量表很难做到完全客观。测试的结果受被测者当下的心情、生理状况、时间、地点和环境等因素影响。例如，被测者的潜意识里希望自己是 I 人或者希望自己是 E 人，那么他对量表问题的回答也会倾向于他所期待的那个类型。

在我年轻的时候，人们对外向型性格的人更赞赏，认为外向型性格的人社交能力强，有冲劲儿，有闯劲儿，容易成事儿。

---

① E 人和 I 人源自 MBTI 16 型人格测试中的一组个体行为差异分类。E（extravert）为外倾型，是指更偏向于从与他人互动或参加不同的活动中获得能量的人。I（introvert）为内倾型，是指更偏向于享受独处从个体内部世界的抽象概念和想法获得能量的人。

　　而内向型性格的人往往被认为畏缩不前，缺乏冒险精神。不过，近几年出现了这样一种说法：伟大的科学家大部分是 I 人。于是，社会评价开始偏爱内向型性格的人，认为内向型性格的人更擅长思考、更冷静、更自律，也更容易持之以恒。受社会评价的影响，人们会更希望自己是某一种类型性格的人。

　　很多人认为，从事采购工作的人应该表达能力出众、善于和其他人打交道，因此大部分是 E 人。但其实这并不一定正确。

　　我的测试结果是 I 人。采购是需要理性判断的工作，需要创造力的部分大概占 30%。当然，随着职位的提升，创造力的占比会更高，但仍然需要以数据整理、数据分析和数据解释为基础。这样的工作，对于内倾型性格的人是友好的。

　　大家对采购从业者应该是 E 人的刻板印象，可能来自价格谈判。人们倾向于认为，善于谈判、经常同别人讨价还价的人，一定是外向的。但事实上，采购人员很少真的会去讨价还价。一般在议价的过程中，专业采购人员会使用各种工具，比如三方报价、成本分析、招投标，还有电子评标等，很少用你来我往的语言去议价。

　　标的金额过亿元，双方往往需要经过几轮面对面的交流，探讨合同的主要商务条件。这类商务谈判必须建立在理性分析和理性判断的基础上，才能制定一个完善的谈判策略，进而获得更好的谈判结果。往往不存在仅靠非凡的口才，用唇枪舌剑，就获得更大商业利益的可能性。

我之所以没有把谈判技巧作为重点章节来介绍，是因为我觉得谈判技巧只是冰山一角，能否取得双赢的谈判结果取决于水面之下的功夫，那就是充分的准备工作。在谈判开始之前，采购人员需要从各个角度收集信息，它们包括以下 7 点。

（1）谈判标的基本情况。基本情况通常包括金额、数量、市场行情趋势。

（2）相关产品的行情趋势。相关产品指的是与谈判标的配套使用的产品。例如，电子手表的相关产品是纽扣电池。如果纽扣电池出现技术升级，使用寿命大大延长，那么对于电子手表是利好消息。

（3）主要原料的市场情况。例如瓶装酱油的主要包装材料玻璃瓶，因为高耗能、对环境造成污染，以及生产环境恶劣等问题，其生产厂家逐渐被清出城市。随着国家逐步提高对于环保的要求，这个变化成为一个不可逆转的趋势，也因此可能带来运输成本增加的问题（从偏远的玻璃瓶工厂到酱油生产厂）。

（4）竞争对手的出价。买方并非永远处于优势地位，有时候也需要和其他买方一起竞争购买。了解其他人的出价和商务条件，对谈判是一个直观的参考。

（5）行业新技术动向。尤其需要时时关注物联网技术、3D打印等给生产力和运输方式带来的革命性变化。

（6）对方参与谈判人员的相关信息。相关信息包括姓名、年龄、职位、工作年限、技术背景、个性风格、人际关系、个人爱好等。除了客观的数据和信息，交流的对象，即人，也是影响谈判结果的因素之一。尽管"信息为王"，但我们仍然需要营造友好的对话氛围，降低彼此的心理防御。

有研究表明，文字本身只能传达一件事7%的信息，更多信息是通过人的表情和肢体语言传递的。这个数字告诉我们当面沟通的重要性，也提醒我们，即便是同样的文字、类似的语调和雷同的手势，也仍然会有不同的甚至截然相反的理解。网络上热议的，因为发了一个微笑表情而遭辞退的事件，就是一场关于"误解与澄清"的集体讨论。很多时候，微笑表情在年轻人看来意味着嘲讽，而大部分中老年人对这个表情的理解是表达友善。因此，提前了解谈判对象的个人特点，有助于尽可能减少误解，降低沟通成本，提高沟通效率。

（7）对方购买/销售的决策流程。我们要了解流程节点上的主要人员以及这些人员的背景信息等。企业对企业（B to B）的采购决策，和个人消费者采购决策的最大不同在于决策机制。消费者购物是自己为自己决策，自己对自己的决策负责，其过程从触达到兴趣、决定再到行动，遵从的是人的行为习惯和心理定势。而企业的采购决策是代理制，即决策人为代理人，因此，决策过程遵从委托人（企业）的利益。

为了确保企业的利益，参与决策的人倾向于避免失误，并且为可能的失误预先设置了安全保障，一般为多人审核，比较典型的是法务审核条款，业务单位逐级审核商务条件。虽然职位高并不等同于决策准确率高，但大部分企业还是把更大金额的采购决策权交给了职位更高的人，很少有企业能够有勇气把采购决策权交给企业中最有相关知识和能力的人，而不是职位更高的人。

在企业对企业的采购和销售决策过程中有多方参与，虽然各方利益诉求的大方向一致，但通常利益点的优先顺序并不一致。在采购人员与销售人员的谈判中，充分考虑参与决策所有人员的利益关切点，并且创造性地协调好优先顺序，是谈判中仅次于信息收集和分析的重点工作。

只有准备工作充分，我们才能在谈判过程中游刃有余，并获得双方都能接受且自己一方满意的谈判结果。准备工作的充分和完整，比任何谈判技巧都管用。

谈判技巧本身也是一门学问，主要涉及谈判心理学、冲突的化解和如何表现得更自信等。这些不是完全没用，但在充分的、翔实的信息和实在的利益关切面前，这些技巧就不占主导作用。

第五节

采购工作的前景与进阶路径

经常有人问我："采购工作是一份有前途的好工作吗？"

在讨论什么是好工作之前，我们先来聊聊对你而言什么是不好的工作。对我来说，不好的工作就是不能提供合理的报酬、安全的工作环境、个人能力成长机会的工作。采购岗位的薪资在市场上低于同级别品牌营销和销售岗位的薪资，但在整体的人才市场中处于中等偏上的位置。

采购能够链接非常多的外部企业，如果你足够好奇、足够喜爱这份工作，个人能力成长的机会相比其他岗位更胜一筹。有些人会把"个人能力成长"等同于"升职加薪"，这未免有些狭隘。采购岗位的升职机会相比同公司的销售岗位确实不算多，但是公司为采购人员提供的接触和学习其他行业的机会，比销售人员要多得多。

此外，在正常情况下，采购人员的工作环境是安全的。在我30年的职业生涯中，只有一次遇到过人身安全威胁。2010年，我在上海小南国餐饮集团任供应链副总裁。为了保障西瓜一年四季的糖度都能符合要求，采购部门接洽了一家按季节在全国不同区域收购西瓜的供应商，以替代现有的综合水果经销商。现有综合水果经销商闻听此消息，带着一把水果刀闯进了我们的办公室。彼时的采购总监脸色煞白，双方对峙了半小时。最终我请了与这位综合水果经销商相熟的另一位供应商说和，他才悻悻离去。后来我才得知，这家经销商误以为我们取消了他所有的供应协议，断绝他们一家人赖以生存的唯一经济来源。虽然有惊无险，但这件事常常从我心底冒出来。那时我刚刚从百胜中国离职，来到这家有着20多年历史，并雄心勃勃计划在香港上市的民营餐饮企业。

自从我踏入社会，中国经济一路持续增长，高歌猛进。我从未忧虑过生计问题，仿佛更优厚的薪水、更优越的工作环境一直在前方等着我。我未曾遇到像这样为了业务而以命相搏的人。这件事让我看到了社会现实的多面性，也提醒我戒除顺风顺水的优越感，告诫我对人和事都要保持同理心。从采购的本职工作来说，我们做了一个对的决定，但是在供应商关系管理上，我们犯了错。

很多人问我对采购工作的前途是否看好？对此，我抱有信心。

当我从国有外贸公司转行到肯德基担任采购助理时，我完全不知道采购人员要做什么。我的面试官是一位来自中国台湾地区的女士，她言语温柔但性格坚毅、倔强。对我提出的疑问——"采购是做什么的"，她显然有点尴尬和无奈。在 1997 年的上海，能说流利的英语，并且和采购专业接近的，大概也只有国际贸易专业的毕业生了。尽管我毫无经验，但仍然被录用了。第一个月的薪水是税前 5000 元，差不多是同龄人的 8~10 倍。

这个巨大的差异并非来自采购这个专业，而是当时人才市场的结构性失衡。如之前所说，采购并不是一个技术含量高的职业，对大学所学的专业也没有严格的规定。入行门槛不高，大部分人都可以试着入行。

所谓"师傅领进门，修行在个人"，入行之后，采购工作的含金量在很大程度上取决于自己的学习能力和对工作的投入程度。一样是工作 10 年，你是积累了 10 年的经验，还是 10 年重复做一件事，会让你的职场竞争力相差 10 倍。

采购的职级分类

从采购的职级分类，可以看到采购的职业进阶路径（见图 1-4）。

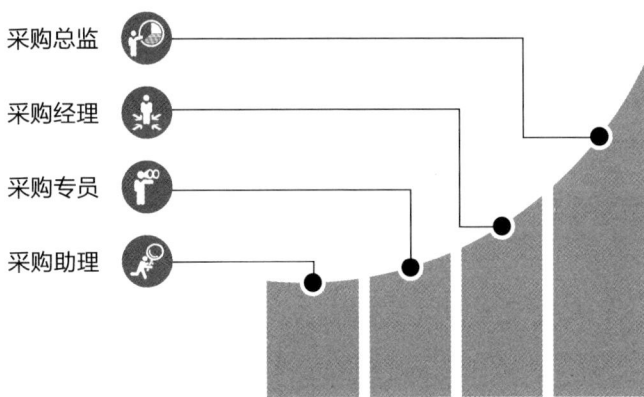

图 1-4　采购的职级分类与职业进阶路径

第一级是采购助理。采购助理的主要工作是支持和协助采购专员和采购经理，完成文书处理、信息收集、数据分析等支持性工作，比如收集行业情报、更新数据表等。这一类工作是采购分析和采购决策的依据，十分重要，在互联网技术不发达的时期非常费时费力。采购助理的工作偏向行政性质，AI 出现后也许会被逐渐替代。对从事服务软件开发的企业来说，尤其是从事 ERP

（企业资源计划）、POS 系统服务的企业，在现有技术上延伸出智能分析，应该不是什么难事，只需要业务方提供分析维度就能轻松实现，且速度快、可信度高。

第二级是采购专员。采购专员可以独立负责品类管理、供应商管理和采购谈判。但由于经验不足，企业会将重要程度偏低的品类交给采购专员负责，并由采购经理辅导。采购专员在独立工作的过程中学习品类管理和供应商管理，锻炼综合技能，同时，这也是一个向采购经理晋级的过渡阶段。在这个阶段，采购专员的主要任务是充分练习，积累经验，总结和归纳，以提高自身的判断能力。

第三级是采购经理。采购经理独立负责一个品类或者多个相关品类的采购策略设计、策略执行、供应商关系管理、新品开发项目以及团队的培训、辅导和发展等。从担任采购经理开始，你的工作就会从"被动接受任务—完成任务"，转变到主动管理，即"找到任务—组织资源—完成任务"。

高效能采购经理需要关注以下两点。

第一，对品类的相关知识要了如指掌。餐饮采购一般按品类来组织团队，比如食材类采购、包装类采购、设备类采购等。

这样划分的目的是培养员工在某一领域的专业知识，从而做出更正确的采购决定。采购经理必须对自己负责的品类十分了解。

采购经理学习的对象是这个行业领先的供应商，以及企业内部技术部门的同事，比如研发技术部门、质量管理部门。在百胜中国当鸡肉采购人员的时候，我最喜欢跟着品控（QA）的同事们（如今他们都是各个知名品牌的领军人物了）一起出差，问他们关于行业技术的各种问题。例如：鸡饲料的成分是什么？一只鸡一生吃多少饲料？鸡舍的"鸡均面积"多少最为适宜？对这些信息掌握得越清楚、越详细，采购议价的基础便越合理。从技术岗位转行当采购的人，确实具备一定的优势，特别是在经理这个中级职位上，对做事的要求比较高。我在百胜中国、小南国、星巴克的采购团队里，都有至少一名技术岗位出身的团队伙伴担任采购支出最大品类的主要负责人。

第二，锻炼自己通过他人完成任务的能力。经理级别的人会开始带团队，俗称"带小朋友"。经理级别的人一般会练习如何通过他人来完成任务。常见的问题有：让"小朋友"干不如自己下手干得快且准；如何辅导和带领团队……把这些问题展开讲又会是一本书的体量，已经有很多人力资源管理专家、领导力专家讲得比我好太多了。

第四级是采购总监。采购总监的职责简单来说就是"定目标、定路径、布人力、抓落地、看未来"。采购总监处于采购部门的一号位（随着职级的通胀，很多总监其实只负责某一板块的工作，类似采购经理。这里的采购总监仅指全面负责一家企业采购管理的负责人）。下面详细介绍采购总监的职责。

1. 定目标：分析外部市场（供应市场）趋势以及内部需求，确定目标（企业在不同阶段对采购供应链四大目标的优先排序，详见第二章内容）。

2. 定路径：制定恰当的采购策略，预警风险，预报成果。预警和预报对于上市企业尤为重要。企业股票价格的涨落受预期和评级的影响很大，上市企业的股价更青睐符合预期的业绩表现。

3. 布人力：部署与目标任务匹配的组织架构，寻求达成目标所需的人才。

4. 抓落地：组织团队交付结果。

5. 看未来：为企业长期目标的达成，储备好人力和布局好基础设施。

从以上的描述中我们可以看到，从采购助理到采购总监，对于能力的要求是呈指数级增长的，这也就不难理解为什么 80% 的人都能做到采购经理职级，而只有少数人才能做到采购总监职级，这显然不仅是因为企业设置的总监数量少。行业知识、品类技术是在晋升经理职级之前需要掌握的重点，而做到经理职级以上的人需要理解业务的本质、运行逻辑，以及学会如何与人共事。

采购品类的划分

从采购品类的划分，我们可以看到不同品类采购的职业发展路径。

不同企业的采购支出占比差异巨大。餐饮企业最大的采购支出在食材上，尤其是在农产品上。例如，西式快餐最大的采购支出是鸡肉，咖啡店最大的采购支出是牛奶。药品、化妆品行业的采购支出只有 10% 在原料上，占比最大的是营销类采购（路演、活动）支出。因此，选择本企业的重要品类，相对获得的曝光度、关注度和培训投入会更多一些，对于采购人员的职业发展也更有利。团队中更高职级的人员从重要品类的采购经理当中遴选的，也是很常见的情况。

对于已经在非重要品类的岗位任职的人，如果希望在职业发展上更进一步，除了选择转岗重要品类，也可以通过转换行业，将自己"送"到重要品类的采购职位上。

我曾经有一位同事，在餐饮公司负责包装类采购。显然，包装对餐饮企业来说是非重要品类。这位同事对于技术比较执着，在很短的时间内，把各类包装材料的特性、原料、行情了解得十分透彻，后来他跳槽去了一家化妆品公司，成为重要品类采购者，为自己的职业发展打开了上升通道。

也有采购人员因为从事了某个品类的采购工作，而将此作为一生的职业，特别是一些专业性比较强的品类。例如，上文提到的，有人成了包装材料的专业买手，熟谙纸、塑料、玻璃、聚乳酸（PLA）等材料及其制成品。还有食材类的采购人员，专攻农副产品，成了肉类或是进口海鲜的专业买手，后来成立了贸易公司。还有人在互联网技术的支持下，成功转行至专业买手平台。

我在读 MBA 的时候，有一位同班同学从事医药行业的销售工作，她对我说："你们采购员没有竞争力，你们离开所在的公司，就失去了平台，变得没有用武之地。不像我们销售员，有自己的客户资源，离开公司照样可以做生意，反而是公司怕我们带着客户一起走。"

当时我听了感到五味杂陈，这么多年来我一直对这段话耿耿于怀。我不得不承认她说得对，销售员带着客户跳槽到另一家公司的戏码时时都在上演，有资源的销售员到哪里都能如鱼得水，干得风生水起。同时，我又很不服气，采购人员也是有真本事的！

时移事易，从古典电商到兴趣电商再到直播带货（粉丝经济），销售渠道一再被颠覆和重构，渠道层级被压缩到几乎扁平，销售员的个人能力被大大弱化了。而采购人员，如今靠一部手机也能创业，离开平台也能有用武之地。企业在销售渠道重构之后，发力点只剩下品牌和供应链了，这反而给供应链从业者创造了更多事业机会，甚至更多的高级管理者岗位也优先考虑有供应链背景的职业经理人。

所在企业的发展阶段

从所在的企业的发展阶段，我们可以看到采购人员的学习路径。

如果目前你在初创或者小型的企业从事供应链工作，企业的规模和发展阶段不允许采购部门有多个层级，一个人便是一个部门，那么以上的职业发展路径可能离你稍微有点远。

初创企业的采购需要有较高的灵活性，但普遍缺乏系统性和品类专业度。如果始终在初创企业任职，而无法经历企业的不同发展阶段，那么对采购人员的个人发展来说，是比较遗憾的。这类采购人员通常已经积累一定的经验，甚至形成了自己的方法论，但仍然处在采购专业的最基础阶段——收集信息、简单分析、多方比价。如果你想要快速成长，我的建议还是入职规模更大的公司，接受系统培训。

在《统计学》教材中，有一个邮差的案例。大意是，一个邮差在同一区域工作了 8 年左右，靠经验积累逐渐找到了最优投递路径，而这个最优投递路径和科学统计方法得出的路径基本一致。这个案例说明，经验是有用的，即便没有理论知识，通过长期的工作实践，也可以达到同样的高度，而学习科学的方法则可以帮助你节省 8 年时间，直接给出最优路径。这就是接受系统培训的意义。

如果你从规模企业转型到初创企业任职，那么你的挑战可能在于失去了标准和参照，变得无所适从。你要做的是先"打碎"自己，否定过去的一切成功经验。不可复制的经验不是经验，只是发生过的事情，只有那些底层逻辑才有可能亘古不变，放之四海皆准。

那么，何谓底层逻辑？底层逻辑即"第一性原理"，我始终尝试用"第一性原理"去思考和解构问题。

第一性原理是什么呢？

埃隆·马斯克（Elon Musk）提倡用第一性原理的物理方法来思考问题，也就是说，不是通过类比推理，而是把事情归结为你能想象到的最基本的事实，然后从那里推理。

有人把第一性原理解释为"解耦合"，这是 IT 术语，简单来讲，就是不在已有的既定框架下思考，不默认框架是正确的，而是追问事情的最底层。可以使用丰田公司的"5 个为什么"追问法，它鼓励人们对问题至少连续发问 5 次"为什么"，避免人们限于既定的思维，失去追求真相的能力。

多年来，该方法被大量的企业实践，且被很多优秀的企业家一致推崇。

第六节

如何找到合适的供应商

找供应商的方法有很多，我总结了以下几点。

第一，参加展会。上海国际酒店及餐饮业博览会（HOTELEX）、上海环球食品展（FHC）是餐饮食品、包装、机械供应商比较集中的展会。此外，还有烘焙展、糖烟酒展会、文创展会，以及德国和意大利的年度食品展。不过，在展会上寻找供应商的效率较低，也未必精准。

第二，同行推荐。微信群的出现，大大方便了同行交流。食品饮料创新论坛（FBIF）、中国物流与采购联合会等食品和物料采购组织旗下有多个品类专业群，集中了某特定品类的各企业相关负责人，供求信息对接非常便利。只需在微信群里发出请求，80% 的供应资源问题都可以得到解决。

第三，窄门学社、蜀海等餐饮供应链企业平台，入驻了海量的供应商。窄门学社还定期举办直播对接供求方，让寻找供应商变得异常直观和方便。

第四，淘宝和 1688。中国拥有全世界最完整的供应链，在淘宝上几乎能找到所有你需要的东西。

如果你认为淘宝上的供应商不可靠，那么你应该改变一下观念了。我服务的咖啡品牌最近打算紧急采购一批节庆马克杯。由于门店数量少，采购批量并不大，为了保证品质，通过同行介绍，我找到了一家自称"某某品牌供应商"的工厂，报价 49 元 / 套。

然后，我在 1688 网站上一搜，发现同样款式套装的价格在 12 元到 45 元不等。于是，我们分别从报价 12 元和报价 45 元的两家店下单了同样的产品，拿到手之后，我们通过肉眼找不出差异。结合之前在大企业的采购经验，我判断其成本应该在 20 元以下。接着，我就和卖家讨论，要求随货提供生产资质和出厂检验证书。最终，我们以 18 元 / 套的价格购买了 200 套节庆马克杯，合格证、厂家资质和检测报告都符合一流大品牌的质控要求。

"某某品牌供应商"的报价逻辑一般是按照订单数量来初步核定。假设 3000 套的成交价格是 20 元 / 套，那么 50 套的报价可能就是 40 元 / 套。因为从销售员的角度来看，20 元 / 套是已经成交的价格，新订单的收益一般不希望低于既有订单。所以，49 元 / 套的报价也并非完全不合理。然而，作为初创企业的采购人员，你需要做的就是打破这种既定思维逻辑下的合理性。

在淘宝或 1688 上采购也并非全无风险。对于食品以及与食品接触的容器、包装，厂家都必须提供生产许可证以及出厂检验报告，你甚至需要到现场进行供应商工厂的资质审核。该有的步骤，一个都不能少。

以上只是列举了寻找供应商路径的例子。随着技术的发展，信息越来越容易获得。例如，个人供应链，有 IP（知识产权）直播推荐供应商的，有采购专业社群互助推荐供应商的，还有一些 IT 信息技术企业正在开发 AI 在餐饮供应链端的应用方案。

AI 可以迅速积累知识性内容，沉淀海量供应商信息，并通过 GPT（生成式预训练）工具，对供应商的生产规模、有无行政处罚、质量认证情况，甚至成本管理水平等进行评价。这样的 AI 犹如一个"超级老法师"，可以让采购人员在自然语言环境下，在一问一答之间，轻松找到供应商资源，并对供应商的适配性做出初步的判断。

获取供应商的信息并非难事，但要找到合适的供应商却颇为不易。所有采购人员、企业老板都想找到行业里最好的供应商，但最好的供应商未必是最合适的。因此，要找到合适的供应商，先要对自己企业的情况有清晰的认知，对企业当下对于供应链的最主要诉求有明确的表达，并上下统一。

在上述采购马克杯的案例中，高价的供应商并非完全错误的选择。"某某品牌供应商"之所以能被知名品牌选用，原因一定是在成本、质量、创新、供应保障以及企业看重的其他特质上均达到了企业所需要的最佳平衡。

例如，星巴克要求供应商必须通过其"道德采购审核"，这个审核对员工福利、加班限制和环境保护等都提出了高于一般水平的要求。相应地，供应商的成本也会有所增加，而星巴克愿意为此买单。在星巴克参与的"咖啡和种植者公平规范"中，规定了公平价格以及溢价，以保护种植者的利益。2022年，星巴克取消了公平贸易认证的做法，但并未改变星巴克以及世界其他和星巴克一样以"人文关怀""可持续发展"为己任的企业，为此支付溢价的意愿。此外，企业的溢价还会支付在供应商的创新能力、战略性合作方面。培养供应商的创新能力为我所用，为己方企业获得长期的竞争力，是更多企业愿意支付溢价的动因。

　　而对案例中的初创企业来说，虽然它们更愿意信任大供应商的质量，但未必有能力或者有意愿为更高的企业社会责任支付溢价，它们当下的任务是先活下去，让员工有饭吃，有稳定且逐步增长的收入。因此，选择质量可靠、价格低廉的供应商，是初创企业在这个阶段更适合的做法。

本
章

≡ **重点** ⊕

提
要

1. 采购的职能是链接和协同外部资源，支持企业的长期和短期目标，为企业创造竞争性优势。"进攻型供应链"是供应链职能的高级段位。

2. 采购不是一个"灰色"职业，虽然桌下交易无法禁绝，但随着信息技术的发展，信息差几乎消弭，采购工作已更加阳光。

3. 采购这个职业门槛不高，对从业者的专业背景没有太多限制。但是，门槛不高也就意味着竞争激烈。采购行业藏龙卧虎，学习能力强、好奇心强、企图心强、解决问题能力强的人更容易成为优秀的采购人员。

4. 我热爱采购，是因为这个职业给我提供了宽广的视角，如同一名演员可以体验不同的人生，采购人员可以在本职岗位上，与众多不同行业的企业打交道。还有什么工作比采购更精彩的吗？

5. 采购经理人具备转型为企业操盘手的优势。采购人员缺乏的不是战略思考的能力和习惯，而是在企业中参与战略讨论的机会，以及和前台伙伴（销售、市场）争论的勇气和自信。

第二章

效能

成为进攻型采购经理人

成为进攻型采购经理人的步骤

第一步：找准目标

想要高效，第一步便是找对方向。方向不对，努力白费。

我想和大家讨论的第一个问题是"采购的目标究竟是什么"。对此，网上有一条解释是，采购的目标是低成本、高质量、高效率地满足公司的物料需求，并与其他部门协作，保证品质的稳步提升。

对于这个定义，我想采购从业者只会同意一部分吧。低成本确实是采购人员最看重的事情之一，也是大部分企业老板对采购部门的主要要求。但在我看来，这个定义只说出了采购 20% 的职能。高效的采购，其使命是链接外部资源，通过成本管理、质量控制、创新驱动和供应保障，实现企业的短期和长期目标，帮助企业获得竞争优势。

关键词一——成本管理

对于成本管理，大家都比较熟悉，也高度认同。采购就是要买到价格最低的东西，买到别人买不到的东西。每年公司也会给供应链采购部门提出节省成本的目标，从采购成本中要利润。成本管理是采购部门的一个重要目标，对此我不再赘述。

关键词二——质量控制

质量控制的第一责任人是公司的品质保障部门。在企业的初创阶段，供应商端的质量控制由采购部门负责，门店端的品质保障由门店运营负责。在企业拥有独立的品质保障部门的情况下，采购部门仍然有遴选质量管理良好的供应商、将质量风险从源头上降到最低限度的职责。在发生与供应商相关的质量问题时，采购人员需要有能力判断问题出现的原因和责任归属，保障公司的商业利益，同时启动后备供应方案，保障门店的正常营业不受影响。

关键词三——创新驱动

很多人不是特别理解，为什么创新也属于采购的一项重要工作，这不是研发部门应该做的事情吗？没错，产品研发部门是产品创新的直接责任部门，但是我在工作实践中发现，80%以上的产品创新都是由供应侧驱动的。例如，风靡全国的生椰拿铁、冰博克咖啡，都是在奶制品供应商研发出厚椰乳、冰博克牛奶之后，才被开发出的应用方案。这些方案被呈现给目标用户后，再通过目标用户研发团队的调整和改良，形成了最终产品。通过用户和供应商的共同努力，产品爆火，品牌用户和供应商都获得了很大的收益。

供应商想在自己的领域活下去、活得更好，就不得不成为各自领域的专家。那些在技术创新上有潜力的供应商并非都是资金雄厚、历史悠久的大企业。

案例 2-1
西北新力量——塞尚乳业

我在星巴克的时候和团队一起开发了塞尚乳业作为星巴克的供应商。它地处宁夏，是一家小规模的乳品企业。第一次认识这家企业，是在当地政府的一次招商活动中。当时，这家企业的规模和星巴克的需求量相比，实在是微不足道，看起来并不是合适的备选供应商。但秉承建立长期关系的心态，星巴克乳品采购负责人凭借自己在乳品行业的技术背景，判断塞尚乳业虽然规模不大，但技术能力优于一众大规模乳企，并且在创新上有想法，也有落地能力。因此，我们团队始终和塞尚乳业保持着定期的沟通。当星巴克的希腊式酸奶在上市时遇到配送成本高昂及配送半径有限的问题时，塞尚乳业迎来了正式和星巴克合作的机会。酸奶的保质期仅有 21 天，且酸奶需要全程冷藏。原供应商地处华东地区，配送至江浙沪皖鲁京津已经到了极限，不仅运输成本高昂，而且给路程偏远的门店的保质期管理工作带来了很大压力。因此，团队需要在华东地区之外开发第二家供应商。塞尚乳业的地理位置能覆盖西北地区，和华东地区的供应商形成了良好的互补。

当时国内有脱乳清生产能力的工厂仅有两家，其中一家因为在"红线项目"上失分而未能通过星巴克的供应商审核。彼时，塞尚乳业并没有生产希腊式酸奶的经验，但它在很短的时间内，就成功开发出了脱乳清希腊式酸奶，一举进入星巴克供应商的行列。而星巴克也大大降低了西北偏远城市的酸奶配送费用，让更多顾客可以享用到这款优质的酸奶产品。紧接着，塞尚乳业又开发出了可以常温保存 6 个月的淡奶油。现在，塞尚乳业已经是业内知名的乳品企业，在茶饮和咖啡界制造出了多款爆品，比如为瑞幸咖啡研制的酱香拿铁。

对星巴克这样的大企业而言，即便它们没有嗅觉敏锐的采购团队，那些拥有超强创新能力的供应商也会主动上门自荐，损失的可能只是一点点先发优势。而对初创企业、中小企业来说，创新识别力有时候就是安身立命的本钱。

案例 2-2
冷冻千层蛋糕

在咖啡饮品行业有一个令人头疼的现象，那就是无法准确预测门店蛋糕的备货数量。不论是知名连锁大店还是精品小店，单店的蛋糕销售数量都不是很多。一般每一款蛋糕的单日销售量是个位数，而冷藏蛋糕的保质期只有 48 小时左右。从工厂到配送中心再到门店的配送路程就花去了半天，留给门店销售的时间缩短至 36 小时。这给门店的备货数量和销售预测带来了很大的挑战，备多了容易废弃损耗，备少了又会流失销售机会。因此，保质期较长的冷冻蛋糕更受咖啡饮品商家的欢迎。但难点在于，冷冻之后再解冻，造成很大口感损失。

2018 年，我加入了一家进入中国不久的咖啡品牌，这个品牌才刚刚开了第二家门店。首店面积很大，设有一个进行现场烘焙的饼房，招牌产品是千层蛋糕。千层蛋糕新鲜制作，软嫩清甜，入口即化，是最受顾客欢迎的蛋糕产品。开设第二家门店之后，由于门店没有现场烘焙的区域，千层蛋糕的供应就需要由外部供应商来完成。以两家门店的体量（首店可以现场烘焙，实际上供应商只需要服务一家店），很难找到合适的供应商。千层蛋糕的奶油含量很高，冷冻解冻后容易出水、坍塌，还容易产生冰碴儿，极度影响口感。当时我们找到一家规模尚小的供应商，由于对方也需要业务来支持增长，算是"门当户对"。我们选择这家供应商还有一个重要理由是，工厂老板是做技术出身的，并且在自家工厂规模很小（不足百万元的销售额）的前提下，不惜重金寻求行业内顶级技术专家的帮助。历经一年的时间，进行了无数次配方和工艺调整，最终在借鉴日本生产技术的基础上，成功研制出了解冻后口感还原度95%以上的千层蛋糕。这项技术的突破，不仅为品牌的拓店解决了招牌产品的供应保障问题、削减了外埠开店的配送成本、降低了门店因销售波动而造成的物料废弃率，而且造福了整个连锁咖啡行业，让冷冻千层蛋糕成为很多咖啡甜品店的标准配置。这家供应商目前已经成为天好咖啡（Tims）、咖世家（Costa）、瑞幸咖啡等大型连锁店的主力供应商。

在冷冻千层蛋糕研制成功之前，品牌的采购团队经历过十多次试验失败，也遇到过多次产品在门店食品柜展示时严重出水、口感不佳的状况。这些都给门店伙伴带来了不小的困扰，也给采购团队带来了巨大压力，甚至有人因此对我的职业操守产生了怀疑——为什么不放弃和一家频繁出错的小工厂的合作？我之所以坚持下来，有以下三个原因。

第一，没有更好的选择。2018 年，中国烘焙行业尚没有成熟的、技术完备的、有能力生产冷冻千层蛋糕的企业。以当时我们的采购量来看，我们还没有机会获得供应商不惜金钱代价的支持，其结果只能是被迫接受产品口感的下降或者更换品种。

第二，蛋糕甜品的工业化。该供应商借鉴了日本更先进和成熟的技术，而且其创始人拥有相关技术背景，已经链接到业内高手和国外技术提供方。

第三，每一次工艺和配方的调整，都在成品端呈现出明显的改进，说明工艺调整正在往正确的方向靠近。

即便最终冷冻千层蛋糕没有研制成功，这家供应商也是当时最合适的选择。也正是这样的坚持，才将千层蛋糕供应到了后续所有新开门店中，使之成为品牌的标志性产品。

由此看来，供应链采购人员对于行业技术发展大背景的敏感性，能够改变一家公司的产品竞争力。

关键词四——供应保障

很多时候，采购人员视供应保障为理所当然，而不加重视，只有在货源短缺时才会感觉到供应链计划的存在。餐饮供应链比较大的一个特点就是预估不准。餐饮门店和顾客的距离非常短，可以直接面对和接触顾客。门店的物料需求受多重因素影响，比如天气、所在商圈的客流变化、竞品的促销活动、节假日、交通管制、本地大型活动（展会、演出）等，甚至大厨当天的情绪状态、新员工的学习曲线都会影响物料的需求量。正是因为影响的因素太多，一些传统的餐饮人会选择放弃采购计划，通常以"计划不如变化快"来解释预估不准的情况，用降低单笔订单的数量、增加囤货量和准备多个备选供应商的方式来应对预估不准造成的供应问题。以我的经验来看，即便是供应链管理水平较高的连锁品牌，其预测准确率也非常低，仅在 60% 左右。因为"优等生"也都做得不怎么样，所以餐饮行业内部就不那么追求对计划的高要求了。而在制造业，计划是供应链的开端，是供应链一系列活动的基础，不仅能降低库存成本、减少浪费，更能赋予生产部门更高的生产效率，降低生产成本。在这一点上，脱胎于制造业供应链的星巴克供应链，是大家可以学习和借鉴的榜样。

关键词五——竞争性优势

帮助企业获得竞争性优势才是供应链工作的真正目的，上述关键词一到关键词四都是手段，当然，这些手段在执行层面上也会变成某个行动或项目的目的。

公司的所有部门都是为了增加企业的综合竞争优势而存在的。如果你所在的企业没有因为你们部门的存在而超越竞争对手，可以说这个部门就没有存在的价值。这个观点对于前台部门（销售、市场、运营）很容易理解，对于后台部门其实也是如此，比如人力资源部门选人、育人、留人强于竞争对手，行政后勤部门的小成本办大事等。而供应链部门在成本管理、质量控制、创新驱动、供应保障这四个方面做到最佳平衡，则会大幅提高企业的领先优势，有时甚至会成为企业安身立命之本。萨莉亚就是这样一个把成本管理做到极致的连锁品牌，20余年经久不衰。茶饮界的蜜雪冰城也是以供应链优势为加盟商创造价值，成为其他品牌竞相学习的对象。

我们不难发现，这里有一个显而易见的矛盾点，那就是成本、质量、创新和供应保障这四点很难同时兼顾。高且稳定的质量，需要支付成本的代价；创新能力需要投入资源，这个资源也是成本的一部分；而供应保障也势必付出拉高库存、找到供应弹性更大的供应商等成本作为交换。虽然我们无法完全兼顾各个方面，但我们可以，也必须做到最佳平衡。而这个最佳平衡点，必须贴合企业的长期和短期目标。**也就是说，企业在不同的发展阶段有不同的侧重点，供应链的目标设定必须与企业当下最重要的目标对齐，并且不能违背企业的长期目标，即企业的使命和价值观。**

而短期目标则要求，采购供应链团队目标的优先顺序遵从企业当下目标的优先顺序。举例来说，在企业的初创阶段，第一目标就是活下去。因此，将供应链目标设定为开源和节流符合当下企业的优先目标。采购供应链的首要工作任务是成本管理和驱动创新，以获得更高的销售收入和更低的采购成本。找到有创新能力的供应商，这些供应商的产品能够让我们获得其他企业不能获得的竞争优势，从而让我们获得更高的销售额，同时在通路商品、标准品上尽可能地节省采购成本，做到最大限度的优化（注意：最大限度的优化不等于最优化，而是符合企业当前议价能力的最优成本）。如果企业已经占据一定的市场份额，处在高速成长期，就需要迅速地全方位超越竞争对手，这时采购供应链的最重要任务是找到在产品技术上具有先进优势的外部供应商伙伴，并与其建立互信互赖的合作关系，率先获得优势技术和创新产品的供应。

当然，不是说其他的目标就不重要，而是在某一个特定时期，必然有一个或两个目标的重要性会超越其他目标，而这一个或两个重要目标，就是这个时段供应链采购的最重要任务，如有必要，还需要在其他目标上做出妥协，以确保重要目标的实现。

案例 2-3
百胜中国的委员会

百胜中国有一个在业界非常出名的管理制度，叫作委员会制度，是餐饮企业竞相模仿的对象。委员会由 CEO 担任主席，各相关部门都会被邀请参与讨论。委员会制度有利于保证决策的平衡性和全面性，使决策者能够听到不同的声音，从而提高决策的质量。委员会的设立也标志着 CEO 对某个板块工作的重视。仔细观察可以发现，比起委员会制度本身，百胜中国建立委员会的先后顺序更值得我们参考和学习。百胜中国成立的第一个委员会是"选址委员会"，关于门店拓展的决策都要提报至委员会讨论。选址的决定权被集中到了公司的最高管理层。由此可见，在当时，选址决策是这家公司最重要的决策。而那个时间段，正是 1998 年亚洲金融危机之后，百胜中国开始高速拓展的时期。在选址委员会成立后，百胜中国又成立了新产品开发委员会和采购委员会，分别负责新产品的研发和采购成本及供应商关系管理。渠道拓展打开局面后，产品力提升立刻被提上了议事日程。之后建立的是系统委员会，彼时百胜中国的规模已经扩展到了一定程度，需要通过系统来提高管理效率，而且当时互联网技术在中国的应用已经呈燎原之势，也提供了系统化的可能性。

关键词六——长期目标

企业的长期目标反映了企业的价值观，企业需要外部供应商和它一起践行企业的价值观，这也是供应链在甄选供应商时的衡量指标之一。

例如，星巴克在选择供应商时，特别强调"道德采购"。在道德采购审核时，要求供应商有一年以上的"道德采购践行"记录，在员工福利、员工安全、合理薪资、环境保护以及社区贡献等方面，都有非常详细的标准。不能通过供应商道德采购审核的企业，不会被星巴克纳入合格供应商清单。供应商也会被邀请参加每年举行的供应商道德采购大会，在大会上会表彰在道德采购方面表现卓越的外部合作伙伴。大会还会安排半天的社区服务时间，邀请所有参会供应商从世界各地飞到某个城市，为当地社区进行公益服务。

与其他企业供应商大会的强业务属性相比，星巴克的供应商大会把企业社会责任放在第一位，这个议题是整个供应商大会花最多时间讨论、以最高规格对待的议题。从星巴克向供应商传递的信息当中，供应商可以知道这家公司的核心价值理念，从而调整自己在企业社会责任方面的投入。从一些世界级企业的供应商审核标准中，我们也能看到企业长期目标和企业价值观的体现。

综上所述，我们可以得出一个结论：**采购供应链的目标=（成本管理+质量控制+创新驱动+供应保障）的最佳平衡点+企业长期价值。**

供应链采购的使命不只是管理好供应商、每年为企业节省一定数额的成本，还需要在成本、质量、创新、供应这四点中，寻找最佳平衡。在设定供应链的最佳平衡点前，要先了解企业的使命和战略，以及当下阶段的优先目标。以企业优先目标为供应链目标，以成本管理、质量控制、创新驱动和供应保障为手段。和企业的任何前台部门一样，作为中后台的供应链部门的终极目标是赋予企业更强的竞争优势，从而让企业获得更高的效率，在市场上杀出重围，超越竞争对手。

除了成本、质量、创新、供应，也要关注企业的长期价值观和目标，以确保采购供应链和我们所选用的供应商与企业的长期价值观保持一致。

案例 2-4
供应链总监的年度目标

春日餐饮（化名）是一家中式快餐企业，主要产品是中式水饺，在中国拥有 2000 家门店。90% 以上的门店为加盟经营，且采用的几乎都是单店加盟模式。公司的使命宣言是让平价优质的中国美食走遍全世界。作为一家以加盟为主的连锁中式餐饮品牌，公司的主要营业利润来自供应链和加盟费的收入。目前，春日餐饮遭遇了强劲的行业竞争。由于行业进入门槛不高，市场上出现了两家类似的新企业。现有的同行也推出了和春日餐饮类似的水饺，并且价格更低。受资本的推动，竞争对手加速加盟发展，给春日餐饮造成了巨大的压力。

针对市场变化，春日餐饮 CEO 决定加速"跑马圈地"，扩大先发优势，将年度的第一目标设定为"门店数量翻番"。根据这个重要的战略目标，供应链总监经过分析，将本部门的年度优先目标设定为"降低成本"，让加盟商从供应链中获得更低的原物料成本，提高毛利率。第二目标为"鼓励供应商创新"，并寻找创新能力突出的新供应商。

春日餐饮已经拥有 2000 家门店，是一家中等以上规模的餐饮企业。供应链能够满足基本的业务需求，在成本管理、食品安全、订单交付等方面都有一定的管理能力，也取得了较好的效果。在本案例中，需要在供应链的四项基本任务中找到重点发展的一到两项，以助力公司达成战略目标。

在平价中式餐饮的单店加盟模式中，加盟商的第一诉求点就是增加利润——能够获得正收益的加盟商越多，就越能吸引新加盟商的加入。现有加盟商的证言，对处在十字路口犹豫未决的候选加盟商来说，有着重大的影响。同时，对现有加盟商来讲，良好的获利情况、不断优化的原物料成本、充分分享规模效应带来的好处，能够鼓励他们开出更多的新店。

此外，其面临的同业竞争是产品同质化的竞争。寻访新的有创新能力的供应商、鼓励现有供应商在产品创新中投入更多资源，能够在一段时间后形成产品的差异化，在销售端获得更强的竞争力。新产品通常比老产品毛利更高，这部分的毛利增加可以弥补老产品的毛利损失。

从这两个角度发力，对实现公司门店翻倍的目标能产生直接且有力的帮助。

第二步：摸清家底

摸清家底是指充分、深入地了解工作范围和现有资源，以及存在时间压力、亟待解决的问题，通常包括采购支出、供应格局、采购流程、供应商能力等（"采购流程"部分将在本章第三节中详细讲解）。

1. 采购支出数据

这是采购支出分析的基础。使用 ERP 系统的企业可以很容易获得采购支出数据表，数据表中的要素包括商品编号、商品名称、包装规格、计量单位、单价、年度采购数量、年度采购金额、供应商名称等（见表 2-1）。

表 2-1　采购支出数据表示例

类别	食材	包材	小件
二级分类	肉类	纸品	吧台用品
商品编号	A01001	B01006	C02010
商品名称	五花肉	外带手提袋	清洁刷
包装规格	25 公斤 / 箱	100 只 / 扎	1 支 / 袋
计量单位	公斤	只	支
单价（元）	32.5	1.2	11.8
1 月采购数量	260	1000	0
2 月采购数量	200	0	2
3 月采购数量	230	800	0
……	……	……	……
12 月采购数量	300	1200	2
年度采购数量	3000	12 000	8
年度采购金额（元）	97 500	14 400	94.4
供应商名称	牧野农业	玖玖纸品	—

如果公司没有使用 ERP 系统，那么门店 POS 系统的进销存记录也可以作为依据，采购伙伴需要建立手工数据库。

在建立数据库时，需要考虑采购支出的范畴。请注意，除了因履行法定义务而对政府部门、员工的支付，对任何第三方的购买和支付都应该被视为公司的采购行为，该笔支出应该被视为采购支出。根据这个定义，采购支出除了常见的原料、包装采购，还应当包括设备采购 / 维护 / 保养支出、IT 设备设施采购支出、软件服务、营销服务等各项服务采购支出。后者我们统称为"间接采购支出"。

2. 采购支出和供应格局的分析维度

首先是 SKU 数目。SKU，全称是 stock keeping unit，即最小库存单位。一个 SKU 对应一个商品名称和 / 或编码。商品名称有时会出现重复，但商品编码是唯一的，是 SKU 的"身份证号"。SKU 数目的多少，标志着供应链管理的规模大小，是衡量供应链工作量和工作复杂程度的指标之一。

SKU 数目有相对合理的区间，需要与销售额相匹配。虽然我们没有一个最佳 SKU 数目可供参考，但是 SKU 数目越多，代表物料的使用率越低，供应链管理效率也就越低。我们也可以做一些横向比较，参考和自己有类似的业态、同等销售收入的企业，检验 SKU 数目是否合理。

其次是采购支出的分布。我们可以从以下维度了解采购支出分布的全貌。

（1）各品类占总支出的比例是多少？

（2）采购支出的离散度或集中度。离散度或集中度是衡量 SKU 数目整体合理性的一个直观的维度。以前我们使用得比较多的是二八法则，即占采购支出 80% 的少数 SKU 是我们需要重点关注的。餐饮企业，特别是以平价、刚需为定位的餐饮品牌，为了提高销售额,不断扩展菜单,原物料 SKU 数目不断增长。目前,大多数餐饮企业的采购支出基本符合 10% / 40% / 50% 的分布,也就是说 10% 的 SKU 覆盖了 50% 的采购支出(见图 2-1)。这个比例相较二八法则的离散度高了不少,却是目前多数餐饮企业自觉或不自觉的选择。如果你发现自己的采购支出分布离散度更高,建议你和产品团队一起讨论改善方法。

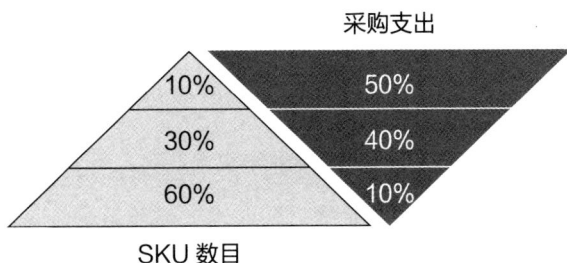

采购支出

10%	50%
30%	40%
60%	10%

SKU 数目

图 2-1 采购支出离散度

(3)末尾 10% 的采购支出覆盖了多少 SKU?支出分布如何?

这部分采购支出被称为长尾 SKU,是指单个 SKU 的采购支出比较小,但 SKU 个数又比较多的一类支出。在餐饮企业中,常见的长尾 SKU 是清洁用品、劳动防护用品、员工餐物料等。我辅导过的一家销售额达到 10 亿元的企业,采购金额接近 3 亿元(不包括间接采购支出),其中长尾支出为 2700 万元,覆盖 457 个 SKU。长尾支出加总往往不是一个小数目,但由于单笔支出很少,是供应链采购人员极容易忽视的部分。

（4）注意特殊变动，包括突然为零、突然大幅增加或减少、价格出现负数等异常现象。发现特殊变动的数据时，首先要排查是否为差错。如果是差错，需要在将其剔除后再修正数据，不让异常数据影响分析结果。排除差错后的巨幅变动，需要分析原因，从中找到有用的信息。某西式快餐品牌的新款夏季饮料上架之后，供应链部门发现，用于该款饮料的定制糖浆的第二次订货数量为第一次的10%，而该款饮品的销售数量达到预测数量的95%。这个数字引起采购人员的重视，细究之下，发现是顾客反馈这款饮料太甜，因此门店根据反馈大幅降低了糖浆的使用比例。了解到这个情况后，产品研发和运营团队经过讨论决定修改标准配方。

异常数据往往提示着其背后隐藏的未知机会，也是采购供应链部门能够提供给前台部门的最有价值的信息之一。

3. 同一品类/SKU采购支出在供应商端的分布

（1）同一品类有多少个供应商？分配给每个供应商的采购支出占该品类总支出的百分比是多少？这些数值可以告诉我们，某一品类的供应结构是否稳固，有无过分依赖供应商的情况出现。

供应商单一时，请考虑是否已经制订了供应应急计划。

（2）采购支出在供应商侧的集中度如何？其占该供应商总销售额的百分比是多少？除了要知道我们对某个供应商的支出是多少，还需要知道我们对该供应商的采购支出占该供应商整体销售额的百分比是多少。这个数值没有最佳值，需要把握恰当的平衡。占比过低，供应商不会给予足够的重视；但占比过高，对供应商的产能拓展又形成了一定的压力。在这里可以给出一些经验值供大家参考。从供应商的角度来看，单一客户的销售额占总体销售额的5%即为重要大客户，可以获得足够的重视。对于直接对口负责的销售人员来说，这个客户就更重要了，几乎可以成为他最重要甚至是唯一的业绩支撑。当某一个客户贡献的销售额占比达到20%时，客户的重要程度不言而喻，但是作为采购方，你需要留意的是双方的增长速度是否匹配。当你所在的餐饮企业处在高速成长期，门店数和销售额两到三年就翻番时，如果供应商的供应能力不能同步提高，供应商的供应弹性就会受到制约，而餐饮企业的采购预测能力普遍较差，供应保障的压力和风险会迅速增加。因此，当采购支出（或数量）占某供应商销售额（或产能）的20%时，就需要引起警惕，着手准备供应保障方案了。

第二节

八大招数管理你的成本

采购成本管理八大法，是我在工作实践中总结出来的成本管理手段，分别适用于不同类别的采购。在工作中，我曾经遇到过不少采购高手，成为采购高手和学历高低、学校背景的关系并不大，他们在自己的领域专精二三十年，有自己的独门秘籍。他们的一些观点和做法给了我很大的启发。餐饮业虽然门槛不高，但作为百业之首，确实是藏龙卧虎之地。比我厉害的人有很多，以下总结基于我个人的经验，以及很多高人的智慧，能对大家有一点启发，我将不胜荣幸。

上游原料管理

进行成本分析之后，我们不难找出一个商品或一项服务的主要成本项（key cost driver）。食品的主要成本项通常就是食材，例如番茄沙司的主要成本项就是番茄浓缩膏或者番茄，预制炸鸡排的主要成本项就是鸡胸肉或者鸡腿肉。当然也有例外情况，例如肯德基、麦当劳使用的小包装番茄沙司，由于单个分量是 8 ~ 10 克，非常少，而原料番茄又不是高价值的食材，因此包装成本占比几乎和原料番茄占比一样高。从作为个体户的单体餐饮店，到开有上千家店的连锁品牌，不论规模大小、不论企业发展到哪个阶段，餐饮企业对食材采购的管理始终是非常重视的。

我辅导过的一家开有 2000 家门店的中式餐饮企业，对预制调味鸡排有长期的大量需求。它的供应商是一家以食品配料研发为核心的企业，生产的炸鸡排表皮特别酥脆，解冻后，复热的口感鲜、香、嫩、滑，还原度明显高于市场平均水平。但是，供应商对于其主要原料的采购把控时常出现问题，不是价格波动大，就是缺货、延迟交货，有时还会出现品质问题。多次沟通无果之后，企业判断该供应商在原料管理上缺乏专业能力，于是启动了供应商更换工作。这次它瞄准了鸡肉行业的龙头企业。但是，经过多次样品对比，样品在口感上始终没有办法达到现有供应商的水平。于是，企业的供应链负责人决定改变方向，运用自己团队在农产品采购方面的知识和经验，帮助现有供应商采购鸡肉。该企业在猪肉采购方面积累了丰富的经验，连续几年跑赢市场波动，运用期货工具，为企业节省了数百万元的成本。这个团队在接手鸡肉采购任务之后，平移猪肉采购的相关策略，即规定供应商把每一次鸡肉原料的采购价格提交给企业的采购部门确认，并且要从指定鸡肉供应商处购买。经过半年的实践，该企业将原料鸡肉的采购价格降低了20%，并且开辟了稳定的供应渠道。

本地化 / 全球化 / 区域化

过去40多年中，中国经历了改革开放和经济急速增长的阶段。我们的劳动力成本在20世纪八九十年代相对较低。即便在今天，尽管劳动力等各项成本不断上涨，但由于劳动效率、基础设施水平等方面的提高，中国制造在某些领域仍然具备人工成本优势。肯德基刚刚进入中国时，一度从美国泰森公司进口鸡肉。之后各地区分公司都成立了采购部，开始和国内的出口企业上海大江、诸城外贸、北京大发公司等建立合作关系。1997年下半年，肯德基支持中心办公室成立了专门的鸡肉采购团队，以整合鸡肉采购工作。鸡肉采购的本地化，不但使供应更加稳定，不受长途海运、进口政策变化的影响，还节省了成本。更重要的是，西式快餐对于产品规格的一致性要求（例如，鸡块被要求切割成特定的形态，鸡翅的尺寸、克重偏差被要求控制在较窄的范围内，鸡绒毛在 1 平方厘米的面积内不得出现 2 根以上……），在劳动力资源丰富的中国，可以以较低的成本实现。2005 年，百胜中国考虑过从巴西进口鸡翅，以缓解鸡翅供应紧张的情况。遗憾的是，经过多次现场培训、无数次沟通和样品测试后，实际到货的产品的绒毛、尺寸、多余鸡皮等指标，与国产鸡翅的差距非常大，无法达到百胜中国的质量要求。巴西供应商对此感到十分困惑，他们不理解，天然长成的动物产品本身就具有个体差异，中国消费者何以对绒毛、外观等方面的要求高到如此地步？

　　客观上说，肯德基在中国的发展促进了白羽鸡养殖业的发展。圣农集团从一个靠贷款创立的小型养鸡场成长为一家市值几十亿元的上市公司，与肯德基的支持是分不开的。

　　我加入星巴克中国时，公司有相当大比例的采购支出被支付到境外，通过两年的本地化努力，采购支出的绝大部分得以在境内支付完成，进口比例下降了三分之二。换句话说，除了咖啡豆和口香糖之类的小物料，几乎所有的采购都是在境内完成的。

当然，后续星巴克烘焙坊开业，所需要的个性化物料或者一些特殊原料不得不进口，烘焙坊的采购支出的进口比例还是比较大的。

近十年来，随着人工成本和原物料成本普遍、持续地上涨，中国制造的成本优势领域开始收缩。对采购总监来说，需要观察全球市场的供应商，适时适量选择一些其他国家或地区有优势的商品。例如，澳大利亚、新西兰的牛羊肉养殖水平高，养殖成本却明显低于中国，再加上 2015 年签订的《中华人民共和国政府和澳大利亚政府自由贸易协定》的贸易优惠条件，从澳大利亚进口的乳制品、牛肉、海鲜等农产品进口关税已经或者将逐步趋近于零，这使得澳大利亚进口的乳制品极具竞争力。

案例 2-5
牛奶的进口

咖啡店最大的采购支出不来自咖啡豆，而来自牛奶。国内的牛奶价格相比欧洲、美洲、澳大利亚要高 50% ~ 100%（同品质，不考虑运输、关税、汇率波动等因素）。最主要的原因是国内奶牛养殖水平不高，生产效率不高，而饲料成本高。奶牛饲料的主要原料为苜蓿，主要依靠进口。饲料成本占牛奶成本的65%左右，加上养殖水平的差距，以及监管成本等额外支出，国产牛奶的价格是没有太强的竞争力的。

对采购方来讲，比较简单直接的降本方式就是用进口牛奶替代。但是，冷藏牛奶的保质期一般是7天，ESL（延长保质期）工艺可以将保质期延长到21天，但对进口物流来说仍然太短了，且一旦销售情况出现波动，断货或者库存积压的情况将会频繁交替出现。因此，进口牛奶很多都经过UHT（超高温瞬时杀菌），可以常温存放6~9个月。但是，常温奶的口感和冷鲜奶相比差异明显。因此，降低国产牛奶的生产成本，让冷鲜奶的价格向欧洲、美洲、澳大利亚看齐，是很多从业者一直在努力的方向。

A乳业是我见过的最有机会实现高品质牛奶成本优化的乳品企业。它采用了一条龙的整合养殖模式。我们可以简单把这种模式看作三个同心圆，最外围大量种植苜蓿，用作饲料，结束进口；中间的圆圈是奶牛养殖场；中心点是生牛乳加工车间。这样的模式至少有三个好处。

（1）节省成本。苜蓿是奶牛的食物，食物便宜了，最大一部分的成本就节省了。

（2）保证品质。生牛乳挤出来就被运到加工车间，不超过两小时即进入加工流程，不仅省物流费用，而且能最大限度地保证口感，对食品安全也十分有利。

（3）减少疫病发生的风险。

A乳业的饲料种植、奶牛养殖、牛奶加工一体化模式是我非常看好的。可惜的是，A乳业在香港上市以后被做空，后来不得不退市，还传出了创始人挪用公款等丑闻。这使得已经进入实质性议价阶段的大订单也被终止了。沉寂多年之后，A乳业2023年又出现在上海国际酒店用品博览会等专业展会上。祝他们成功。

价值工程

价值工程是指通过产品改造降低采购成本的一种方法。这种方法降本效率很高，但需要对相关专业知识融会贯通，非常考验团队的协作能力和想象力。其结果常常非常令人惊喜，过程也令人着迷。

常用的价值工程降本包括以下这些方法。

（1）改变产品的规格。有些产品的规格在研发时出现了过度要求的现象，而研发人员在实验室里往往会忽略这个问题。

案例 2-6
必胜客的新奥尔良风味烤鸡翅

1998 年，必胜客在中国首次推出新奥尔良风味烤鸡翅，一份有 4 只鸡翅中，售价为 28 元。当时的必胜客餐厅定位是休闲餐厅，目标是以三星级的价格让顾客获得五星级酒店的体验。相较同一个集团旗下的品牌肯德基，必胜客要求产品更精致、更高级，充满异国风情。研发团队选取了甜辣为主的新奥尔良风味，将 35～45 克的鸡翅中修剪整齐，腌制后过烤炉烤制。这个产品色泽鲜亮、皮脆肉嫩、鲜美多汁，一上市就大受欢迎。

但是，采购团队很快就发现了供应紧张的状况。经过一番研究，团队认识到，鸡翅中的重量和鸡的体重是正相关的，养殖场对鸡体重的控制是根据出口市场的顾客偏好设定的。这种设定只能是一个目标值，在此目标之下，鸡自然生长，体重呈类似正态分布的钟形，两头小中间大（见图 2-2）。而选取的 35～45 克的鸡翅中来自体重偏大的鸡，处于曲线的右侧。要获取更多数量的大克重鸡翅中，第一种方案是扩大采购范围，挑选出体重偏大的鸡。但这种方式有较大的随机性，无法确保供应数量。第二种方案是要求供应商将鸡的目标体重调高，让钟形分布曲线整体右移。但是，需求方必胜客只需要两块鸡翅中，大体重鸡其他部位的销售就成了问题。最后，团队经过讨论，将鸡翅中的克重调整到 28～42 克，这个重量段的鸡翅中占 50% 左右。虽然仍有一半的鸡翅中无法登上必胜客的餐桌，但解决了供应保障的问题。同时，因为规格的调整，不论是结算重量还是市场供需关系，都让鸡翅中的采购价格下降了 20%。

有了这个经验教训，肯德基在设计新奥尔良烤翅的时选取了整支鸡翅，既区别于必胜客，将高端形象让位给这个兄弟品牌，又使得其采购价格显著低于必胜客，从而能够在终端售价上形成明显区隔。

迄今为止，新奥尔良风味的烤翅仍是肯德基、必胜客餐厅最受顾客欢迎的产品之一。

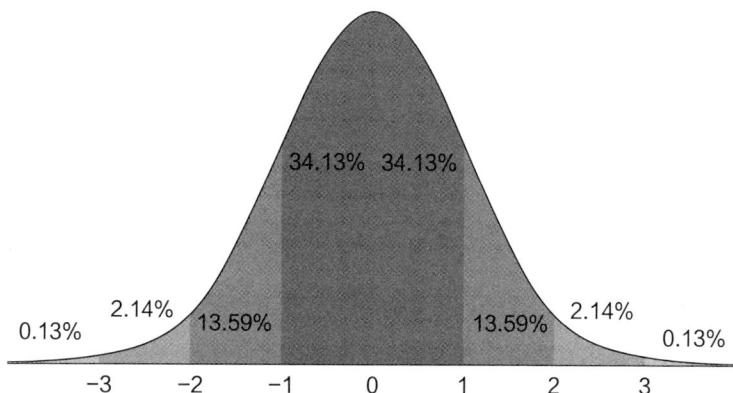

图 2-2 正态分布示意图

缠绕的生菜丝

快餐店汉堡所用的生菜，曾经是切成丝状的，宽为 0.5 厘米左右。即食生菜在生产过程中需要进行多次清洗、消毒、漂洗，最后再离心甩干。整个操作过程全部机械化，避免生菜丝接触人的手部。由于生菜丝很细小，清洗池、离心机等设备边缘会缠绕着生菜丝，不但很难清理，也造成了不少浪费。之后，麦当劳率先把汉堡生菜的形状从丝状改成了小片状。据说这个改变的动因是生菜片比生菜丝更具价值感，能够让顾客享有更好的体验。生菜从丝状改成片状后，生产线上缠绕在设备边边角角的生菜丝明显减少了，客观上降低了损耗。此外，生菜丝的长度和宽度的严格要求，让一些小片的生菜只能被直接废弃，而改用片状生菜后，这些小叶子也不必被浪费了。

（2）优化产品包装。

案例 2-8
越来越迷你的瓶盖

每年都入围高德纳（Gartner）全球供应链 25 强榜的可口可乐，在价值工程上不断创造经典案例。举世闻名的曲线可乐瓶、花瓣状瓶底，一再被用来说明价值工程的巨大力量。可口可乐的瓶装水品牌冰露，最早瓶盖高度是标准的 1 厘米，而目前是 0.5 厘米，缩小了一半，却丝毫不影响产品的使用。

案例 2-9
酸奶 8 联杯

超市常见的杯装酸奶，4 联杯、8 联杯的组合销售形式十分常见。有些品牌是一杯一个覆膜，每个覆膜上有一个完整的图案。有一次我发现，有一个品牌挺有意思的，它的 8 联杯用的是一整张覆膜，这一整张覆膜有一个完整的图案，杯和杯之间有分割线，可以一杯杯取下，操作十分容易。整张大尺寸的覆膜成本肯定比 8 张小覆膜的成本要低，而且从视觉效果来看，也显得更大气和别致。

（3）自动化。在人工成本占比较高的产品中，例如冷冻水饺、汤圆等，我们可以考虑用机械设备来代替或者部分代替人工，以提高生产效率。各大品牌的冷冻手工水饺，其做法是先自动包馅，在最后一道成型工序中，用人手捏出漂亮的造型。消费品行业，尤其是平价消费品，其特点是数量庞大而单个产品价值低。这类产品的仓储物流大量使用机器人、机械臂，可以极大提高生产效率。本土品牌蒙牛，早在 2008 年前就已经实现了机器人理货。当然，仓储自动化的投资高昂，必须有巨大的销售规模才能负担，也必须有巨大的销售规模才需要如此高程度的自动化。

（4）工艺改善。工艺改善有助于提升产品得率，减少损耗。

油炸和烧烤是两种最常用的烹饪方式，十分受消费者喜爱。油炸的肉类在腌制过程中会吸收水分和腌料，如果裹上面粉，就会增重明显，得率当然就高。而烧烤类的产品，在烤制的过程中会令原料肉丢失 30% 左右的重量，不但得率低，而且口感偏干。有些企业会在腌制料中添加保湿剂，减少重量损失，改善口感。使用添加剂虽然合法，但是消费者普遍对此比较抗拒。更合理的做法是利用蒸烤设备，在烤制的过程中喷洒蒸汽，减少水分的散失。

所有采购价格管理方法都是以成本分析为基础的。只有当我们透彻了解了成本结构之后，才能找到更精准的降本方法。在制造行业中，尤其是食品饮料类的制造企业，例如卡夫、亨氏、通用磨坊等企业，其销售额的 70% 左右都用于采购支出，这类企业在采购成本节省方面往往会下很大的工夫，值得餐饮类企业仔细研究，好好学习。

以量制价

简单来说，以量制价就是集中采购数量，形成规模优势，通过谈判获得更好的采购价格。这是很多采购人员用起来得心应手的手段。我认为以量制价的手段虽然有效，但是有效的程度需要视情况而定。我们先来分析一下更大的采购量可以给供应商带来哪些具体的好处，这些好处又能够产生多少成本节省机会。分析清楚了，我们对"以量制价"的成果就可以有一个合理的期待。

在上述章节中，我们不止一次提到成本结构。成本结构的四大组成部分是料、工、费、税。其中"料"是变动成本，随着生产数量的增加而增加，因此采购数量的增加对"料"的成本下降没有直接作用，但有间接作用。这些作用包括对上游原料的议价能力增加带来的原料成本下降。但是，如果上游原料是大宗商品、农产品，采购数量对议价能力的影响就是非常有限的；相反，包装材料的价格对数量十分敏感，因此，理论上，在采购数量增加时，包装成本会明显下降。"工"也是变动成本或者半变动成本，部分随着数量增加而增加。数量对"工"的影响可以忽略，除非是人工成本占比极高的产品。"费"是固定成本，是最直接受数量影响的成本。由于固定成本的总额不变，数量越大，平均每单位分摊的费用就越低。但是，需要警惕的是，随着数字化、3D打印等技术在生产领域的应用逐渐成熟，供应链的柔性越来越高，固定成本占产品总成本的比例也就越来越小了。例如，门店店员的工作服上会加印企业标志。网上可以一件定制的店铺比比皆是，还包邮。相比大连锁集团找供应商定制，再发货到配送中心，然后由配送中心转发到门店的模式，买一件和买一千件价格差别在5%～10%，加上运费基本上就扯平了。

以量制价可以从两个方面获得"量"。一个是内部的业务增长，另一个是协同采购。举例来说，如果本公司集团内部有多个事业部，各事业部对某一产品都有需求，那么采购部门可以使用同一个供应商，以增加采购数量，获得降本机会。

案例 2-10
亨氏中国的三大业务线

2012 年前后，亨氏中国（现为卡夫亨氏）旗下有三大业务线，12 家工厂。这 12 家工厂分别生产婴儿配方食品、西式酱料、冷冻中式点心和中式酱油。其产品虽然很不一样，但都在食材和包装材料上有诸多同类需求。2012 年之前，各业务线分别采购各自需要的原料和包材。当时的亚太区采购总监史蒂夫·杰克逊（Steve Jackson）决心整合中国区的采购业务。

团队搭建完后，项目组实施的第一个计划就是整合采购白砂糖。白砂糖的采购看似简单，但在细究之下，12家工厂在用的白砂糖竟然多达22个规格。剔除包装规格后，中国区采购团队与各工厂的研发和生产伙伴不断讨论、测试，将规格整合为3个。紧接着，采购团队继续开展整合采购工作。鉴于白砂糖的国际大宗商品特质，团队选择了路易达孚集团、中粮集团作为供应商候选人，运用买方叫价的方式，通过供应商在期货市场交易，获得成本优化和长期稳定的供应价格。在12家不同业务的工厂中，另一项普遍使用的材料——塑料薄膜类包装材料，主要被用于食品包装。同样地，在整理出必要需求后，采购团队采用线上竞价的方式，降本效果显著。在一年内，整个采购整合项目就为中国区节省了5500万元的成本。

供应链重组

供应链是指从原物料开始，一直到最终产品交付至顾客手中的整个过程。在这个过程中，诸多环节相互关联，按物流顺序排列。打开链条，改变先后顺序或空间位置，重新布局架构，也能极大地改变最终产成品的成本。可口可乐的吹瓶工厂是供应链重组的经典案例。

案例 2-11
可口可乐的吹瓶工厂

一瓶可口可乐的主要成本项有：①浓缩原浆，这个神秘配方必须从美国进口；②糖或者代糖；③PET（热塑性聚酯）瓶／铝罐；④外包装纸箱。其中，PET瓶采用吹塑工艺。生产瓶子的工厂采购塑料粒子，将其加工为像面剂子一样的瓶坯。然后通过吹塑，瓶坯变成瓶子。从瓶坯到瓶子，体积增加了好几倍，在运输过程中需要大量的空间，因此物流成本不低，但瓶子本身又是低价值的物料。可口可乐的做法是，请供应商在装瓶工厂的旁边设立吹瓶车间，供应商把生产好的瓶坯按需送达装瓶工厂边的吹瓶车间，将吹制完成的瓶子直接送到装瓶车间的生产线上。瓶坯的体积比瓶子小很多，装载效率因此提高了数倍，运输成本也因此大大降低。

这个案例非常经典，被很多供应链管理用书引用。

物流规划

我们的重点不在物流的路线和各种物流成本的节省方法上，而在供应商位置的选择上。比如，可口可乐、百事可乐以及一些啤酒公司在全国各地建立了几十个瓶装厂，而不是集中生产。这种分散生产的模式与规模效应不一致，逻辑是"靠近市场"。在市场规模足够大的地方建厂，方便分销、降低运输成本。因为啤酒、可乐是低价值类的刚需商品，且很重，单位运输成本高。一些餐厅门店使用的"牛奶"，经常由奶粉或者浓缩奶浆在门店加水还原而成，这也是出于运输成本的考虑。对有一定规模的连锁企业来说，遇到运输成本高的商品时，也可以通过优化供应商的分布结构的方式规避高运输成本。

需要留意的是，在"集中"和"分散"之间做选择，需要平衡好集中采购和分散采购各自的优劣势。一般来说，纸巾、厨房用品、清洁用品等低值易耗品适合分散采购，或选择分销网络强大的供应商，利用其网络降低自己的物流成本。

相对较难判断的是价值中等的关键品类，例如，对咖啡店来说，牛奶价值中等、消耗量高，且对饮品风味影响巨大。那么该如何选择呢？

第一步，了解顾客的喜好和自己的定位。对于选择冷鲜奶还是保久奶，不同区域消费者的反应是截然不同的。江浙沪地区的咖啡爱好者能准确分辨出冷鲜奶和保久奶的口感差异，对保久奶比较排斥。而有些地区的消费者反而更喜欢保久奶比较浓郁的风味，尤其是欧洲产的保久奶有强烈的乳脂气味，这被视为醇厚的表现。店主或品牌对咖啡出品的要求也不尽相同，有些店主或品牌会按照顾客的喜好来设计产品，而有些则坚持自己的个性，清楚自己想要什么。在冷鲜奶和保久奶之间做出选择，是牛奶供应商布局的第一步。

第二步，了解行业情况。根据市场调研在线网发布的"2023—2029 年中国配方牛奶分配机行业市场调研与投资预测分析报告"，中国牛奶产业的市场规模约为 7000 亿元，而中国最大的咖啡连锁企业的年度牛奶采购支出不超过 10 亿元。没有一家咖啡品牌有能力干预和影响牛奶行业。因此，顺应行业发展来选择供应商布局是理性的选择。我在担任 C 公司的鸡肉采购负责人时，遇到了和 D 公司的"鸡翅争夺战"。C 公司率先推出香辣鸡翅，该产品立刻风靡市场。D 公司随即跟进相类似产品。而一只鸡只有一对鸡翅，没有任何供应商愿意为了销售一对鸡翅而多养一只鸡，鸡翅的供应一度非常紧张。当时 C 公司的高管层不止一次提出过"独占鸡翅供应"，我曾经野心勃勃地想要抢夺所有供应资源，但从来没有成功过。

冷鲜奶的保质期短，7 天到 21 天不等，价格还高，因此各地消费者更青睐本地品牌，比如上海光明、广州燕塘、北京三元等。进口冷鲜奶，价格是国产的 3 倍左右，风味明显优于国产。保久奶，保质期为 6 个月到 9 个月不等，供应灵活，进口品牌的选择也比较多，价格非常有竞争力。不过其口味在某些地区是不被接受的。这就是目前的供应商现状，在风味、价格、便利（存储方便、不惧长途运输、供应商管理成本）这三个方面，行业没有提供面面俱到的选择，而是形成了一个"不可能三角"（见图 2-3）。

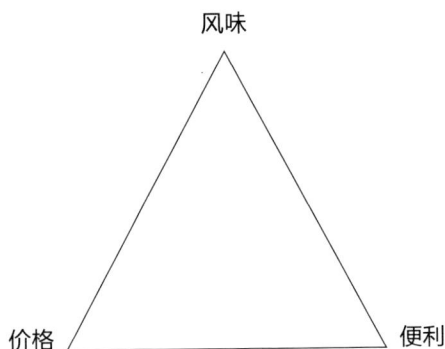

图 2-3 "不可能三角"

第三步，适当取舍。找到最适合自己的解决方案。如果你的门店处在优质冷鲜奶供应资源丰富的范围内，那么恭喜你，你可能可以获得兼顾的供应方案。如果你的顾客更喜欢保久奶，你也会获得接近完美的供应方案。但如果你的顾客更喜欢或你坚持要求使用冷鲜奶，且不在资源丰富地区，你可能需要付出高昂的运输成本和承担随时可能供应不及或者牛奶废弃的损失。例如，S公司就选择在江浙沪地区使用冷鲜奶，而在江浙沪以外的地区使用保久奶。随着它门店数量越来越多，其在江浙沪以外的布点密度越来越高，加之近10年来中国奶制品质量的长足进步，品牌在牛奶的选择上已经变得比之前容易多了。

最后一点，"最后100米的物流"也应该重视。在写字楼上班时，我中午经常点外卖。我在取外卖时，发现有不少同事，还有其他公司的员工，订的是同一个餐厅的产品，却由不同的外卖员配送，甚至是不同的平台配送。这其实是配送资源的一种浪费。由此我想到，在一个百货商场里，不同品牌餐厅合作的供应商一定会有所重叠，某些品类的供应商重叠可能比较严重。连锁品牌考虑到自身物流成本，大部分会建立配送中心配送。也就是说，同一个供应商的产品会通过不同的配送渠道，送达同一个收货地点。如果能够将这"最后100米的物流"进行整合，就会出现一个新的成本节省机会点。

大宗商品管理

大宗商品具有这样的特点：市场上有众多的买方和卖方，任何单一的买方或卖方都没有能力影响产品的价格。餐饮企业有很大一部分采购支出花在大宗商品上，比如猪肉、牛肉、鸡肉，再比如咖啡豆、白砂糖、大豆油。此外，猪肉、鸡肉的主要成本驱动因素是饲料，而玉米占到了饲料成本的60%，豆粕占到了23%。因此，玉米和豆粕这两个大宗商品也是肉类采购需要密切追踪的成本要素。牛奶的主要成本项是生牛乳，其价格变化也符合大宗商品的特征。

由于采购支出的占比大，餐饮企业非常重视大宗商品和农产品的采购，通常会派出最有经验的采购人员来负责大宗商品和农产品的采购。由于大宗商品的价格由市场上的众多买方和众多卖方共同决定，而众多买方和众多卖方的行为及其对市场的预期都不尽相同，他们可能会按照自己的判断做出完全相反的行为。因此，大宗商品的市场趋势是难以预测的。对于大宗商品的成本管理，我们与其说是"管理成本"，不如说是"固定成本，防范风险"。要设定一个比较切合实际的目标，该目标不是控制采购价格，而是尽量避免市场波动对采购价格产生起伏巨大的影响。大宗商品和农产品采购价格管理通常有这样几种方法。

（1）提前买入，也就是囤货。当我们预期一款商品将来的价格会上涨时，就可以提前买入，囤积库存，以保证较长时间内的使用。囤货需要提前支付货款，并承担额外的仓租，成本高昂，还存在预判错误的可能性。我参与的一家初创餐饮公司就犯过这样的错误。由于资源稀缺，且养殖成本持续上涨，优质羊肉的价格在过去的 10 多年里一直逐年攀升。基于这样的经验，我们囤积了一批从新西兰进口的羊肩肉。没想到，由于 2022—2023 年的特殊原因，其市场需求突然暴跌。

（2）延后买入，也就是少买一点，够用就好。当我们预期一款商品将来的价格会下跌时，可以用这种方法。同理，这种方法也会带来预判错误，失去最佳的购入时机的风险。

（3）套期保值。套期保值俗称"海琴"，又称对冲贸易，是指交易人在买进（或卖出）实际货物的同时，在期货交易所卖出（或买进）同等数量的期货交易合同作为保值手段。它是一种为避免或减少因价格发生不利变动带来的损失，而以期货交易临时替代实物交易的行为。利用期货交易固定采购成本，是我比较推荐的方法。当然这种方法也有一些问题。

首先，不是所有产品都能被列入期货市场。餐饮企业常用的且被列入期货市场的商品有玉米、大豆油、棕榈油、豆粕、白糖、原纸等。对于被列入期货市场的商品，我强烈建议大家使用套期保值工具来固定成本。

其次，期货交易属于专业度极高的工作，餐饮企业的采购人员不具备这样的能力。但其实像中粮、嘉吉这样的大宗商品专业公司都能够为客户提供这样的服务。不要担心你的采购数量不够大，会遭到巨头供应商的拒绝。要知道，实物交割对象对期货交易商来说是宝贵的客户资源。

案例 2-12
上海 × 餐饮集团的大豆油

上海 × 餐饮集团是一家拥有 20 多年历史的知名中餐企业。当时，× 餐饮集团使用的是上海本地产的大豆油，品质优秀、供应稳定。美中不足的是价格需要随行就市，经常波动。于是，我决定将其更换为 Z 公司某品牌的大豆油，并签订锁价合同。在接到我们的反馈后，Z 公司的具体做法是，与客户分享期货市场信息，给出建议，征得客户同意后在市场上锁定价格。除了大豆油，我们对于豆粕也采取了类似的做法。如此一来，在 12 个月内为公司节省了近 100 万元。

过程中有一个小插曲。在更换为 Z 公司的大豆油后，门店的厨房反馈"这个油的力道不够，原先一锅油可以炸三份糖醋排骨，现在只能炸两份了"，要求采购部门换回原来的大豆油。接到反馈后，我计算了更换豆油前后的千元糖醋排骨的销售量和千元豆油的消耗量，发现前后的排骨销售量没有变化，而豆油的消耗量略有下降，证明个别厨房关于"力道"这个投诉点未必成立，需要继续观察和论证。

另外，咖啡豆也已经出现了能够替买家叫价的供应商。咖啡豆的买方叫价模式目前还处在比较早期的阶段，国内真正熟悉咖啡豆期货的供应商还非常少。新的采购模式往往是买方和卖方的"双向奔赴"，咖啡豆买家与其找资深的采购总监、到云南去建立种植基地，不如大胆尝试期货交易。有越多买方加入，就会有越多卖方出现，卖方的质量也会越来越高，交付给买方的服务水平也会越来越高。

创造竞争

餐饮业是一个离散度非常高的行业，中国最大的餐饮集团之一百胜中国的营业收入约为 120 亿美元，不到全国餐饮行业收入（2024 年餐饮行业收入预计为人民币 5 万亿元）的 2%。2023 年餐饮业年度报告显示，门店数量 50 家以下的企业占比为 50.3%；拥有 50 ~ 99 家和 500 家以上门店的企业占比均为 14.7%，并列第二；拥有 100 ~ 199 家门店的企业占比仅为 8%，拥有 200 ~ 499 家门店的企业占比为 27%。

任何一家餐饮集团都影响不了宏观的供求关系，但我们可以创造竞争，影响小环境内的供求关系。常用的做法有以下几种。

（1）增加供应。简单来说，就是找更多的供应商加入供应端。新产品、新技术进入市场之初，供应一般都相对稀缺。随着时间的推移，新入局的供应者逐渐增多，供应侧的竞争逐步显现，最终成为买方市场。采购方也会主动开发新供应商，努力打破单一供应商的局面，创造竞争，以获得更优的采购价格。

（2）抑制需求。肯德基除了鸡肉，还开发过不少牛肉、羊肉和海鲜类的产品。我印象比较深刻的是嫩牛五方、至尊七虾堡、鳕鱼堡。据说开发鸡肉以外的蛋白质产品，除了可以多给顾

客几个选择，还可以平抑对鸡肉的需求，特别是可以缓解香辣鸡
翅原料供应始终所处的紧张状态。时至今日，肯德基已经拥有近
10 000 家门店，我们也并没有看到鸡肉供应短缺的情况出现。

公司内部的需求，有时候并非需要，而是想要。我们需要分
辨"需要"和"想要"。以 IT 系统投资为例，可以更清晰地说明
这个观点。ERP 系统是每家公司都需要的，百胜中国的 ERP 系
统上线是在拥有 1500 家店以后。评估投资的必要性时，集团的
最高管理层有个看法：如果人工更便宜，我们还是用人工。这句
话听着让人不那么舒服，一家知名企业为什么对先进技术不那么
热衷呢？而事实是，技术的更新迭代速度飞快，本地部署的 ERP
很快被 SaaS 交付方式蚕食。后者的成本极低，且后期维护需要
投入的人力成本大概为前者的 10%。因此，技术投资和其他投资
一样，需要考虑投资回报率（ROI），并且需要考虑技术迭代带来
的成本急速降低。对于新技术的追求很可能是一种"想要"，而
基于 ROI 测算做出的投资决策，才真正反映了"需要"。

（3）竞争性招标，创造供需关系的小环境。绝大多数商品的供
给是充裕的，甚至是过剩的，这就给买方提供了天然的卖方竞争环
境。但是，对餐饮企业来说，顾客普遍存在定制的需求，比如定制

的口味、定制的画面等。定制商品的供需环境并不一定对买方有利，所以买方创造一个小环境，在一定的时间和空间中短暂性地让供需失衡，是可以获得一定的采购优势的。常用的方式是招投标。

案例 2-13

百胜中国的供应链招投标

2000 年，百胜中国的供应链启动招投标，并率先在鸡肉采购中试行。招投标形式应用在农产品上，在当时引发了不少讨论。我们熟悉的招标常用于工程、设备、工业原料等标准化程度高、标准成本容易测算的采购项目。而鸡肉的价格更多取决于市场供需关系，供应商自己也无法准确预测价格。若将来的市场价明显高于投标价，而供应商选择不履约，对肯德基的供应安全影响几乎是致命的。如果出现这种情形，改为临时议定新价格，鸡肉采购的招投标制度也就难以为继了。

在推演了各种可能性后，百胜中国的鸡肉采购招标采用了"软性竞价"的方式，以替代传统的招投标方式，规避了一般招投标形式带来的供应风险问题和缺乏连续性问题，使一次招标在价优者得的大前提下，供应风险可控，且供应商关系相对稳定。

百胜中国的软性竞价有以下几个特点。

（1）通过第一次报价的高低排序确定供应份额的分配。也就是说，参与投标的供应商只要不是第一次报价过高，就都能入局，获得或者保留供应份额。

（2）入局的供应商报价最低的获得最大的供应份额，其余供应商依次跟价，依次获取供应份额分配。通过跟价，确保整体的采购价格最优化。

（3）一次竞价一般锁定今后 6～12 个月的价格，下一轮的供应分配是在本轮供应份额的基础上，根据下一轮的报价高低顺序做加减。因此，一次报价可以影响多轮供应数量，供应商可以在 2～3 轮合同期内，通过报价来调整自己的供应量。

软性竞价在鸡肉采购项目上获得成功后，百胜中国将这种采购方式应用到了几乎所有的采购品类中。这一招标形式也被餐饮业界竞相模仿。比较可惜的是，有些企业模仿走样了，不得其要领，反受其害。

以下是关于招投标方式应用的几个小提醒。

（1）受邀的对象：投标企业的势均力敌，是获得最优招标结果的前提条件。投标企业如果实力悬殊，甚至出现"陪跑选手"，招标就完全失去了意义。

（2）规则的设定：招标并不只有"最低价"一个目标，有时供应链的其他目标，比如创新和安全，其重要性会高于价格。而招标规则的设定可以引导供应商的行为，让招标结果更符合公司的需求。

（3）源头活水：创造竞争环境的最终目的，是通过一定的压力，让供应商和采购方都更积极、更具创造性地寻求持续的成本优化。要始终秉承"双赢"和"可持续"理念，在采用竞争性招标时，关注成本降低的真正原因，比如效率提升、自动化等，而不仅仅是供应商让利。

以上是关于采购成本管理技术的八大常用方法。作为专业采购人员，必须掌握的技能还有其他几项。首先，是财务知识。财务知识能够帮助我们理解供应商在报价中隐含的财务考量点。例如，成本分析中的固定资产折旧、资金成本、税务安排等。理解了这些知识点，采购人员就能够更清晰地理解供应商报价背后的思考逻辑。其次，是法务知识。法务知识主要涉及合同法、食品安全法规等。

第三节

间接采购把资源放在哪里更合适

我接触过的餐饮企业大多不重视间接采购，甚至有的供应链负责人拒绝将产品销货成本（COGS）之外的物料纳入管理范围。我在工作实践中发现，餐饮企业，尤其是快速发展中的餐饮企业，其间接采购支出和直接采购支出几乎是一样多的。对如此大体量的支出不进行专业管理，是非常可惜的。

首先，我们来确认一下"间接采购"的定义。本书对于"间接采购"是这样定义的：除了支付给政府机关单位的法定需要支出的部分，其他所有对第三方的不计入产品成本的支出，都可以视为间接采购支出。在这个定义下，我们就会对间接采购支出的体量有感性的认识了。

这是非常庞大的支出，除了机器设备、门店装修等实物投资，还包括公司的 IT 软硬件采购、各类服务，比如法律服务、平台代运营、外卖服务等。这些支出在财务侧是有明确记录的，但未必会出现在采购供应链的数据库中，供应链的主要数据源——ERP 系统不会体现"不直接进入生产的采购支出"的数据。

以我过往的经验来看，采购支出直接用于生产的部分和非直接用于生产的部分，差不多是一比一。换句话说，在我服务过的餐饮企业中，假设其花了 1 亿元在原料、包装材料和运营物料上，那么差不多也会花 1 亿元在 IT、营建和设备设施等采购上。如果企业正好处于从小规模成长为中等规模的阶段，IT 和设备设施支出就会迅速增加，甚至间接采购支出会高于直接采购支出。

案例 2-14
星巴克中国的任务分配

我加入星巴克中国采购部时，团队中只有 6 名伙伴，大家的分工是按"任务分配"的模式进行的。也就是说，新的采购任务会被分配给相对不忙的伙伴。彼时，星巴克已经在中国开了 600多家门店，后端支持确实需要迅速升级。

我在星巴克中国工作了 6 年，但这 6 年的工作计划是在最初的 3 个月就做好了的。按先后顺序，主要的工作任务是这样的：①建立专业的按品类划分的组织架构；②大力推进本地化采购，降低采购成本；③招募外部人员，培养间接采购能力。在这个计划下，3 年之后产品成本率下降得十分可观。采购部门参与管理的间接支出占全部间接采购支出的近一半，在当时节省了数千万元。

对于间接采购，有些供应链负责人有畏难情绪，他们缺少专业知识，听不懂使用部门和供应商的对话。的确，了解专业知识对于采购管理是非常重要的。在掌握了一些基本逻辑后，IT 软件、建筑工程等方面的知识就没有那么难理解了。以下是间接物料采购的几个实用方法和步骤。

整理数据

在整理数据部分，我们需要知道六个要素。一是，我们花了多少钱；二是，我们买了什么东西；三是，我们是从哪里买的；四是，我们购买了多少；五是，我们的购买频率是怎样的；六是，我们的购买决策是如何做的。

我们通常需要财务部门和业务部门来协助整理数据。举例来说，假设我们整理一笔设备投资数据，需要协同的就是负责设备技术的部门以及财务部门。这些数据会在财务部门留存，但财务部门的人员使用的语言和供应链使用的语言有所不同。因此，大家可能需要花一些时间去和财务部门的同事沟通，尝试理解他们的语言和数据分类方式，把这些数据变成我们可以使用的数据。梳理和分析数据的方法也很简单，按照上述六个要素归类就可以了。所有数据都是为了回答上述六个问题，数据回答不了的，通过访谈或查阅工作流程就可以得到答案。

明确降本空间，制订降本方案

并不是所有间接采购支出都能通过供应链的努力节省采购成本。有时候简单粗暴的砍价也会奏效，但更多时候需要一定的技术和技巧。此外，如果间接采购支出在供应链介入之前是由使用部门负责的，那么使用部门的同事一般已经对成本控制做了必要的努力，加上他们通常对技术和行业情况更熟悉，完全有可能已经把采购成本控制得非常到位了。还有一种情况是，采购方在交易中处于劣势地位，而卖方的技术和产品在市场上属于稀缺资源，溢价销售，虽然有较大的降本空间，但在短期内实现降本的难度较大。我们可以用一个 2×2 矩阵分析采购支出项的降本潜力。如图 2-4 所示，将实施难易程度作为横轴，降本成果作为纵轴。按难易程度和成果大小可以划分为四个象限。一般我们会把第 1 类项目作为中长期目标，第 2 类项目则需要尽快落实行动。

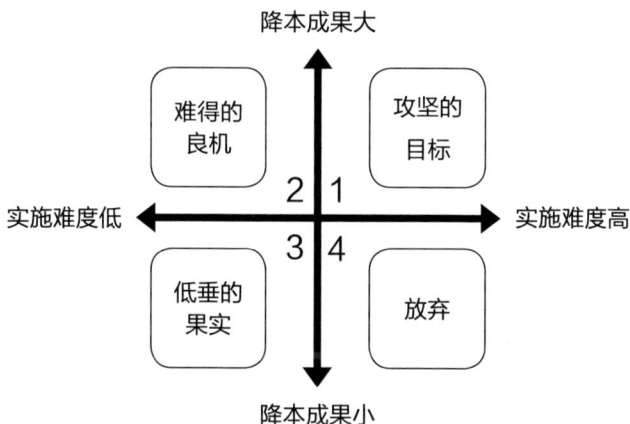

图 2-4　用 2×2 矩阵分析采购支出项的降本潜力

值得注意的是第 2 类。容易实施且降本成果大的项目一般很难找到，除非相关行业发生了大的技术改进，或者法律法规侧发生了重大变化，抑或新的实力强劲的供应商首次加入竞争。成果大小相对容易看出，而难易程度有时候并不显而易见。采购人员需要对实施难易程度有一个清醒的认知——既然如此容易，为何前任负责人没有找到这个机会？多问几个"为什么"，以避免盲目乐观造成的误判。

（1）研究该项支出的特性。首先是成本结构，要了解成本的主要构成项、成本项占比以及关键的成本驱动因素。例如，了解一个支出项的固定成本和变动成本的占比，如果固定成本占比大，就意味着购买数量越多，固定成本摊提越薄，成本也就越低。对数量敏感的支出项以包装材料最为典型，因此包装材料的降本常用手段是"以量制价"，尽量减少包装材料的规格、集中采购量，降本效果通常较好。此外，包装材料的用途也很广泛，餐饮企业不仅直接使用包装物料，所采购的食材也会使用大量的包装。例如，西式快餐店使用的番茄酱包，包装材料成本占总体成本的 30% 左右。市场活动需要的印刷品，也是固定成本占比较高的一项采购支出。印刷品的固定成本有很大一部分在于设备投资，以及开机成本。设备投资不容易被忽视，但开机成本却经常被遗忘。

相对于固定成本，另一类采购支出的成本以变动成本为主，成本随着生产数量的变化而变化，生产数量越多成本越高，生产数量越少成本越低。这一类采购支出理论上无法通过集中采购来换取更低成本。但在实际生活中，我们都有一个经验，就是"我多买点，你给我便宜点儿"，这里节省出来的是卖家的利润，即卖家少赚一点，而不是成本真的因为数量多了有所下降。对于以变动成本为主的支出项，需要找到它的关键成本驱动因素。

无形产品（服务类支出）的成本结构如何分解呢？我们以 IT 服务为例，解释如何分解服务类采购支出的成本结构。在分解 IT 服务采购成本之前，我们需要了解工作说明书（State of Work，SOW）。工作说明书是常用的服务类采购需求明细，需要很清楚地说明工作内容（任务项）、每一项工作内容所需要的技术等级、每个技术等级在该工作项下需要花费多少工时，以及每个技术等级的单位工费。它是 IT 服务的一份标准工作说明书，而最主要的成本——人力成本，也已经在此体现。有了这份说明书，我们就可以逐项分析了。

任务项：关于任务清单和工作内容描述，需要和使用部门确认。讨论是否全部有必要？有没有过度需求？投入之后的回报如何？是否有更节省的解决方案？

技术等级：关于各项工作任务所需要的技术等级，同样需要和使用部门确认。同时，采购人员可以通过其他供应商的报价做对标。

所需工时：关于完成某项任务所需的工时，同样可以在市场上找到对标。

单位工费：关于每单位工时的费用，也可以在市场上找到一个合理区间。

如此，所有主要成本项都有了明确的比较标准，整个采购成本的合理范围也就不难确定了。对于定制类服务，很难找到精准的市场对标，通常供应商会要求加价以补偿定制过程中的额外研发投入。这部分投入的价值犹如艺术品，只看"值得不值得"，不看"划算不划算"。

（2）采购模式。临时的、一次性的采购和零星的多次采购，或者定期重复的采购等不同的采购模式，其降本的潜力不同，降本的手法也不同。

一次性的大额采购，一般可以按项目管理来处理。如果是临时分散的采购，则需要了解为什么会采用这样的采购方式，以及有没有更好的采购方法。如果是定期重复的采购，则相对更容易管理，因为我们已经很明确地知道了企业的需求，可以提前计划和设计采购方案。

（3）向内管理，向内部要效益。它通常包括以下几种做法。

第一种是比较支出水平。也就是说，在同样的支出项下，对比和我们的规模、结构比较类似的企业，看看它们花了多少钱。比如，在员工福利方面。假设中秋节发放月饼，平均每个员工的成本预算是 200 元，我们就可以比较一下，在类似的企业中，这个预算大概是怎样的支出水平。这是向内管理的一个简单的例子。

第二种是寻找替代方案。为了达到同样的目的，有没有成本更优化的解决方案。举例来说，在差旅费用、市内交通费用方面，以前我们租车、租司机，现在使用滴滴企业版就能降低成本。因为滴滴企业版属于打包采购模式，通常来讲，其成本比员工自己打出租车报销更优惠。还有一些工厂会有班车，这也是需要成本的，如果改成员工自己上下班用滴滴企业版打车的方式，也可以对二者做一下成本比较。这些操作都是为了帮助员工提高通勤效率，而我们在评估不同方案后，在给员工带来同样效果的同时，也能够降低成本。

第三种是修改业务流程。这个话题比较敏感，简单来讲就是要让采购决策者就业务流程做加减法或其他改变。我们还是以中秋节发放月饼福利为例。发放月饼时，有些企业采用的方式是每个部门主管按照自己的意愿来安排。那么，在企业达到一定规模之后，会有人力资源部门进行统一安排。这样做，一方面可以平衡各个部门之间的员工福利水平，另一方面可以集中采购量，从而获得更优惠的价格。

第四种是支出的投资回报率分析。也就是说，这笔钱花出去之后，能够得到什么样的回报。投资回报率分析在设备采购方面应用得较多，但其实这个概念可以用在所有的采购决策中。在做设备采购决策时，大部分的情形是企业经营者觉得有这样的需要，或者使用部门提出了需求，由经营者来决定。这个时候需要问一个问题：我们为什么要买这个东西？回答这个问题有一种比较简单直观的方法，即进行投资回报率分析。引入这种分析方法可以矫正内部采购决策的随意性。

排定优先顺序

间接物料的采购管理有其特殊性，也就是采购项目非常多，而单一采购项的支出有时并不高。在采购部门为品类管理投入的人力资源方面，也存在投入产出比的问题，也就是说，花多少时间、精力去管理这一项采购支出，所获得的收益（成本节省或者效率提升）能覆盖投入。这笔账需要在项目开始之前就算好。

很多公司的间接采购最初都是由使用部门自己管理的。等公司规模大了之后，就会有采购部门介入，这时采购部门不可避免地会遭遇一些阻力。这些阻力大多来自使用部门，他们会觉得不方便了、权力被稀释了、流程更长更复杂了。这些都是非常常见的情形。

采购部门必须快速获得一些成果，来证明采购团队对于间接采购的价值，通过实际案例消除使用部门的疑虑，让使用部门愿意支持用更长的流程和更多的沟通来协调工作。

因此，优先顺序是否恰当决定了间接采购整合的开局是否顺利，也在很大程度上决定了公司上下对间接采购整合的态度和支持力度。

降本方案的实施

在对实际案例做出分析后，确定降本方案，然后就可以着手准备价格谈判或采购竞价。关于实例分析和成本优化的方法，前文已经详述。

巩固降本的成果

在取得了一定的成果之后，我们需要及时复盘，弥补方案本身的缺陷、实施过程中的瑕疵，更重要的是需要固定这个成果。采购行为每时每刻都在公司的各个角落发生着，如果在执行过程中疏于管理，或者缺乏简单易用的工具，采购行为就很容易逐渐被打回"各自管理的混沌阶段"。人倾向于做出消耗更少能量的行为，在没有外力干预的情况下，能做"难而正确的事"的人少之又少。此处提供四步法，以巩固成本削减的效果。

第一，建立相关的组织机构，由专门的团队管理间接采购。这项工作可以是兼职，比如包装品类采购经理兼管营销印刷品，也可以组成委员会，由委员会对企业影响深远的采购进行决策和管理，比如 IT 投资委员会。

第二，建立采购支出管理的流程制度。将间接采购支出管理定为制度，即在企业内部公开宣布采购部门、使用部门和相关部门对于间接采购支出的管理责任和权限。无论是否充分达成了共识，都需要用制度保障间接采购支出管理的持续性和一致性。

第三，强化数据积累。采购决策和降本方案的基础是数据分析，而数据的不充分、不准确，甚至缺失，是间接采购管理无法展开的常见原因和重要原因。数据的积累依赖长时间的坚持。此外，公司在成长过程中，采购的品类会越来越多、越来越复杂，从一开始就积累数据，会避免很多后续的管理问题。专人管理、管理流程制度化、积累数据，都为间接采购支出管理奠定了基础。

第四，在公司内部开展技能培训。采购部门作为公司的后台部门，服务整个公司，但"采购"这个动作，并不只发生在采购部门。公司的几乎所有部门都或多或少会遇到因公采购的情况。更重要的是，使用部门对采购部门的理解、配合与支持，会极大地影响间接采购管理的效率和效果。因此，在公司内部进行全员培训，让所有员工了解基本的商务、法律、品控、合规、财务等常识，有助于培养全员的成本管理意识，提高内部沟通的效率，提升整个公司的支出管理水平。

下面，我们以 IT 设备投资为例，说明间接物料采购管理的五个步骤。

A 公司是世界知名的连锁餐饮企业，在中国约有 3000 家门店。它在过去 25 年间持续扩张，通过加盟经营的方式迅速成为本品类的前三名，其 90% 以上的店铺是加盟店。经过 25 年的高速成长，A 公司意识到需要将重心转移到管理增效上，希望通过内部管理，为加盟商户创造更多收益，从而吸引更多加盟商，形成增长飞轮。

A 公司向来很重视食材和包装材料方面的管理，且比竞争对手做得更先进。但是，在开店成本方面，它却常常被指出高于行业平均水平。在做了一番评估之后，A 公司打算优化门店固定资产的投资成本。在此过程中，A 公司的采购部门发现，公司在收银系统上的投入明显落后于更年轻的竞争品牌。A 公司使用的是传统收银机，每台收银机的价格为 2 万~3 万元。按每家门店配置 2 台收银机来计算，每店的投入是 4 万~6 万元，占投资营建成本总额的 3%~4%。如果每年新增 600 家门店，就意味着有2400 万~3600 万元的固定资产投入。随着移动支付的发展，门店的现金收入占比已经不足 1%，传统收银机基本形同虚设。A 公司希望能够用新的 POS 系统替代现有的收银机和收银系统。使用部门认为可以使用现有的 ERP 系统供应商来承担收银系统的定制开发，理由是这家做 ERP 系统的供应商已经把业务拓展到了 POS 系统。由于采购金额比较大，因此 A 公司管理层希望采购部门介入。

采购部门接到这项任务后，开始着手整理数据，将支出金额和采购模式梳理清楚。

第一步，看成本结构。在这个项目中，需要外请一个 IT 供应商。项目相关的投入由软件和硬件两个部分组成，也就是人的费用和物的费用。设备的成本除了硬件本身，采购人员千万不能忽略的是后期维护和保养的费用。要先请供应商提供一份采购报价单，如表 2-2 所示。物的费用就是一些硬件的费用，这个部分的单位价格是很容易做比较的，需要花时间探讨的是投入的必要性，也就是投资回报率。例如，需不需要部署服务器、私有云等。然后看系统运营的维护费用。一旦投入 IT 设备，想要切换就非常折磨人了。不但有更换硬件的成本，还有切换系统带来的人力成本、对业务流的干扰等问题。因此，采购人员需要在第一次就把事情做对——把运维、升级等成本第一时间考虑进去，这才是一个较为完整的成本，才可能进行统一类别的比价，或者明确谈判的目标。

表2-2 IT系统切换项目采购报价

（以下数据仅为示意，不代表市场价格）

序号	任务描述	交付结果	人力需求			
			技术等级	所需工时	单位服务费（元/工时）	服务费小计（元）
1	确认客户需求	客户方财务、供应链、IT部门用户访谈	1×项目总监（8年以上相关经验，3年以上项目负责人经验，技术职称）	10工时（5场访谈，每场2小时）	300	6000
			1×工程师		200	
			1×项目助理（1年以上相关工作经验）		100	
		出具需求报告	1×项目总监（8年以上相关经验，3年以上项目负责人经验，技术职称）	2工时	300	2400
			1×工程师	4工时	200	
			1×项目助理（1年以上相关工作经验）	10工时	100	
2	确认项目计划书	编写SOW	1×项目总监（8年以上相关经验，3年以上项目负责人经验，技术职称）	2工时	300	600
			2×工程师	2×10工时	200	4000
	……	……	……	……	……	……
		合计工时		×××	合计服务费（元）	××××××

第二步，实施降本方案。我在职业生涯的早期，曾经在百胜

中国接受过一次培训，有一个工作心法根植于心，那就是"凡事多问几个为什么，一直追问到你看见真相"。对于公司几乎已经决定了要投入的 POS 系统，采购人员还是要多问"为什么"。

第一个问题："为什么要采购这个 POS 系统？"

"因为在会议上决定了要买，老板们已经决定了。"

第二个问题："老板们为什么会决定采购这个 POS 系统？"

"因为它可以替代目前的收银机，节省两三千万元的固定资产投资。"

第三个问题："为什么这个 POS 系统就能节省两三千万元？"

"因为如果一年新增 600 家店，每家店需要投资 4 万 ~ 6 万元来购买传统收银机，合计每年 2400 万 ~ 3600 万元。新的 POS 系统不需要收银机，可以节省两三千万元。"

第四个问题："除了替换新系统可以节省固定投资，还有什么方案可以节省同样甚至更多的成本呢？"

问到这里，第一个关键点浮出水面——更换 POS 系统不是目的而是手段，目的是减少门店在收银系统上的投资。明确目的之后，采购人员的任务就从"采购新的收银系统"转为"POS 系统固定投资降本"。这是一个重要的转折点，它拓展了完成降本任务的路径。我们还可以继续问下去，尽量挖掘更多的关键考量点。

　　某知名咖啡品牌是全球最大的咖啡连锁品牌之一，在中国已经有 6000 多家门店，尽管 IT 技术的迭代非常快，但这些门店依然在使用传统收银机。不是它们不了解新的收银解决方案，而是使用传统技术的门店数量过于庞大，改变收银方式的成本包括存量设备的报废、切换系统的人力成本、开发新系统的成本，以及新旧系统的迁移、磨合、人员培训等，让这家在业务上有先发优势的企业，在 IT 投资上更加谨慎。

　　这个例子告诉我们，先进技术的应用并非越早越好，而是越灵活越好。有时候，延迟投资往往是一个更好的策略，特别是技术迭代飞快的 IT 设备设施投资。

　　采购决策完成后，采购人员需要确定规格，即分析自己的需求是否恰如其分。过高的要求意味着过高的成本，我们必须严格区分哪些是"需要"，而哪些只是"想要"。我们应当把钱花在"需要"上，而不是"想要"上。智能手机有 80% 的功能你可能从来都没有用过。大部分人容易被电脑、汽车的一些看起来很炫酷的功能所迷惑，混淆了"需要"和"想要"。个人购物有时候可以任凭心意，但为公司做投资决策时务必保持理性。

案例 2-15
废除收银机

有一句话是这样说的："干掉你的往往不是同行，而是一些你意想不到的跨行业选手。"比如，真正"干掉"柯达的不是富士，而是数码相机。

有一次，我所在的咖啡品牌公司市场部的同事提到，一些独立咖啡店使用的 iPad，后面用一个木头架子支撑着。点单之后，收银员可以把 iPad 翻过来，面朝顾客，让顾客自己看到所点的餐食，确认后再翻回去。他觉得这个翻过来、翻过去的动作，显得非常酷。于是，我们就去寻找这种可以翻的架子。在寻找的过程中，我们意外地发现，那其实并不是架子，而是一套不需要收银机的点单系统，提供软件的公司叫作 Flipos，中文意思就是"可以翻过来的收银机"。

这个发现让我大为震惊，于是开始认真研究，并和 Flipos 的创始人多次交流，最后决定全面使用 Flipos。自此，我们开始重新评估门店设备，将后厨设备优化更换，从而使门店的固定资产投资实现了可观的下降，其中包括滤水系统的合理化、冰箱的国产化等。

本
章

≡ **重点** ◎

提
要

1. 提出"进攻型采购"的目的在于鼓励大家敢于展现自己的野心和追求更大的成果。在工作中，我们常常会顾虑他人的看法，担心自己过于张扬或强势，但这并不应该成为阻碍我们前进的理由。我们应该拥有足够的企图心和野心，发挥足够的想象力，去争取更好的结果。

作为后台供应链人员，我们常见的问题可能不是过于张扬或强势，而是缺乏足够的野心和想象力去追求更大的成果。

2. 在公司的采购管理中，间接采购是一个经常被忽视的领域。许多采购经理人并没有将其纳入自己的工作范围，而是让各个使用部门自行处理。

介入间接采购，你需要具备足够的勇气，因为这可能会触动一些人的利益。但从整个公司的角度来看，采购人员在间接采购上的介入通常是有正面作用的。你需要认识到，自己在企业中的价值不局限于某一特定领域，你要充分认可自己的价值，认为自己是值得的，相信自己能够为企业带来更大的贡献。

间接采购变革最重要的是沟通和协同能力，这是推动前台部门进行变革的重要工具。后台部门在推动前台变革时可能会面临许多困难，但一旦取得成功，效果将是显著的。在这种情况下，话语权和影响力非常重要。

3. 在设定目标时，我们可以使用 SMART 原则。这个原则非常好用，它是一个英文缩写，分别代表五个方面。S 代表具体（Specific）；M 代表可衡量（Measurable）；A 代表可达成（Attainable），可达成的意思是"目标是现实的，是经过努力之后有机会达成的，而不是一个高到不可能完成的任务"；R 代表的是相关（Relevant），要与公司、团队、个人目标和使命愿景相关联；T 代表的是有时间限定（Time-bound）。SMART 原则在很多管理学的书里都有详尽的介绍，这里举个例子来说明符合 SMART 原则的目标设定是什么样的。

比如，美国在华企业的工作语言是英语，因此一些英语表达比较吃力的员工会将"提高英语水平"写进个人的年度发展目标。有一位员工写下的目标是：全面提高英语听说读写能力。根据 SMART 原则，在与他沟通后，我们把这一条改写成：每天阅读《英语 900 句》15 分钟，坚持 365 天。

4. 2×2 矩阵工具是我们在实际工作当中应用广泛的经典工具，它能帮助我们迅速厘清决策维度和决策依据。2×2 矩阵工具十分简便、有效，它将一项决策的两个维度分别作为横轴和纵轴，画一个十字，分割出四个不同的象限。假设我们需要为 10 项工作任务排定优先顺序，就可以从工作成果和实施难易程度这两个维度来分析。以成果大小为横轴，从左到右成果大小依次递增；以难易程度为纵轴，从上到下，难易程度依次递减。右上角为难度高且成果大的区域，我们可以把工作任务中符合这一描述的任务写在这个象限中。对其他三个象限也进行同样的操作（见图 2-5）。

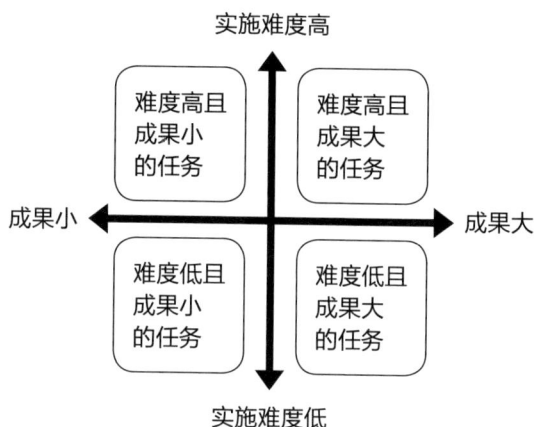

图 2-5 2×2 矩阵工具示例

用这个方法，可以找到 10 项任务中难度相对低且成果大的任务，这些就是我们需要优先完成的工作任务了。当然，世界上的事情通常都不会那么简单。成果大的任务，一般不那么容易完成，而容易完成的任务成果不大。这时我们可以在"难度低且成果小"和"难度高且成果大"之间选择更符合当下需求的选项。例如，如果你是刚入职，就可以优先选择难度低且成果小的项目，迅速打几场小胜仗，积累口碑、鼓舞士气。这个工具可以运用在很多地方，比如春节回家的线路安排、理财产品的选择等。

第三章

链接

找到协同的力量

第一节

先成为高效能的自己，
再找到协同你的力量

采购人员需要和很多不同的人打交道。对内，需要链接内部顾客和协同部门；对外，需要协同供应商和上游供应商。

在供应商方面，除了对口的销售人员，采购人员还需要与生产、技术、客服人员，直至高层管理者建立并维护好关系，保持恰当的沟通频次和沟通规格。在某些特殊情况下，采购人员甚至需要进入供应商的办公场地，与他们一起工作一段时间。对于采购人员来说，沟通能力是软性技能中非常重要的一项。

关于沟通技巧的图书和培训课程多如牛毛。技巧固然非常重要，但先于技巧的是人的"发心"。在我的人生道路上，《高效能人士的七个习惯》是对我影响重大的一本书。这本书的作者史蒂芬·柯维（Stephen Covey），被誉为"影响美国历史进程的25人之一"，是奥巴马的导师，也是无数企业家的终身导师。幸运的是，我在职业生涯的早期，不但阅读了这本书，还参加了百胜中国的企业内训，并被授予了企业内部讲师的资格。说这本书是影响我一生的一本书，一点都不为过。现在，我把个人受益最深的几个要点分享给大家。当然以下都是我个人感触最深的几点解读，未必周全，也不是七个习惯的完整叙述。

第一，主动积极。对于这个词，你可能觉得既熟悉又陌生，我们从小就被教育"凡事要积极主动"，说得多了，就不禁有些反感，总觉得这是老生常谈，以至于再听到的时候会选择自动屏蔽。史蒂芬·柯维说的主动积极指的是，人对环境的回应需要始终抱持积极正面的态度。人无法选择和左右环境，但可以选择如何回应环境，如何回应降临到我们身上的事情。英文中的"responsibility"（责任）一词，拆开来看就是"response"（回应）和"ability"（能力），对环境做出正面回应的能力，也是我们的责任。选择我们可以影响的去影响，选择我们不能影响的去接受，一段时间之后，我们也许会发现，环境因此而改变。其中的道理其实非常简单，大的环境虽然不受我们掌控，但我们每个人都是他人的小环境，他人也是我们的小环境。在互为环境的情况下，如果我们正面积极地回应，让他人的环境保持一个积极向上的状态，对他人就有正面积极的影响；他人的环境变正面了，也始终给予正面积极的回应，那么我们的环境也会因此而往正面向上的方向改变。这一段不是柯维说的，是我的解读：所谓命运，就是你身边的人，身边的人变了，命运也随之变了。无论命运给了你什么样的污糟，允许自己沮丧一会儿，然后在自己能力所及的范围内以积极的姿态回应。

第二，以终为始。凡事在开始做前，要先把目标想清楚，即你做出的举动、说的话想达成什么目的。其核心点在于多问几个"为什么"，从而澄清采购的真实目的，剥离"想要""以为要""应该要"。唯如此，才能找到最优路径。

我们很容易犯的一个错误是偏离主题。在开会时、协作沟通时、人生选择时，我们经常会将太多相关的东西糅杂在一起，把这糅杂的一团作为目标。例如，我们会对平面设计师说，我希望这个海报的颜色可以更深一点，整个色调不要用白色，把它变成黄色，显得更温暖，然后用金色来凸显高级感。这些要求非常具体，但按这个要求修改出来的画面，基本上离你想要的高级感相差很远。如此，我们不得不再一次沟通修改。反复多次，团队逐渐心浮气躁，在时间的压力下，最后大家选择了一个还可以的版本，但是心里又时常感到遗憾，暗暗决定下次要换一个更懂的设计师。下一次，我们花了更多的设计费请了获奖无数的设计师，却发现，不知道他为什么值这个价。其实，错的不是设计师，而是这种提具体要求的方式，这就是典型的迷失了方向的沟通方式。

所有具体要求的背后，是希望呈现某种期待的效果，比如"高级感""亲和力"。而你给到的指令却是具体的颜色和颜色分布。除非你比设计师更擅长用色彩表达情绪，否则，你的指令越具体，就越难获得期望的效果。更好的沟通方式是我们确定并坚持自己期待的效果，并且把它说出来，你可以说："我们希望这个海报能够显得更温暖一些，因为我们是一个快餐品牌，希望顾客能够有温暖、轻松、愉悦的感觉。现在的白色调显得过于清冷，希望能够往亲和、温暖的方向修改。"这样一来，设计师就可以按照你想达成的目标，给出不同的方案，用他的专业技能来满足你的需求。这远比他按你的指令把这个海报改成某个特定的颜色，更为高效。

作为采购总监或者供应链负责人，你必须准确设置部门的目标。如果你将"省钱"作为唯一目标，那么你充其量就是一个采购员。如果你将"为企业创造竞争性优势"作为目标，那么你和你的团队将成为企业不可缺少的驱动力量。目标的定位决定了你工作的高度和效率。

第三，双赢思维。我很喜欢美国的一位华裔脱口秀演员，他模仿母亲向他炫耀买到便宜东西时的得意，简直模仿得惟妙惟肖。

采购人员也常常会为了买到的东西价格最低而感到自豪，甚至将此作为追求的第一目标。

在"多快好省"之间，我们同一时间往往只能选择一个，最多将两个作为重点目标。所以，对采购供应链团队而言，最重要的是对齐公司当下的目标，把优先目标作为供应链的目标。这样不但能够为公司的发展做出真正的贡献，同时也能够更好地和其他内部部门协同，因为它们的目标也是为公司当下最优先的目标服务。如此，自然而然地，你们的目标就一致了，而不是采购人员只想着成本，研发人员只想着新品，质管人员只想着无限度的质量要求。

对于外部协同组织，无论是供应商的对口销售人员，还是供应商作为一家企业，都有自己的使命、目标。我们在选择供应商的时候，双方使命、目标、价值观的一致或接近是标准之一。凡是能够进入你的供应商池子的，大体在价值观念上和公司、团队是接近的。作为买方，我们有义务维护供应商的生存和发展的空间，而不能杀鸡取卵，把价格压到供应商毫无利润可赚的境地。前提是，我们没有坐失成本机会。

我之所以把"采购技术"放到"双赢思维"之前和大家讨论，是因为我们不能因为双赢的心态让公司该得的利益没有得到。双赢思维是态度，是价值观。而"双赢行为"则需要至少一方具备足够充分的能力，以及寻求更好结果的信念和坚持。你必须清楚什么是供应商该得的，什么是我方想获取的，以及用什么方法才能把蛋糕做大，让双方都得到更多。一方对另一方的妥协和迁就，友好协商谁多得一点谁少得一点，这些都不是真正的双赢。

案例 3-1
小袋装番茄沙司

西式快餐店的炸薯条是很受欢迎的产品，而店内常配番茄沙司作为薯条的蘸料。瓶装的番茄沙司不容易挤出，顾客在操作的时候常常弄得到处都是，很不方便，也容易造成浪费。10克左右的铝箔包装的小袋装番茄沙司成了炸薯条的"灵魂伴侣"，是西式快餐店不可或缺的单品，销量巨大且稳定。每年，番茄在新疆收获的时候，就是一年一度的番茄酱价格谈判的时候。在个别年份，番茄会歉收，这时供应商会很不安地来告知你：今年的价格要涨了。

某番茄沙司供应商是一家有着150多年历史的老牌食品企业，番茄沙司是它家的招牌产品，它的番茄采购能力堪称行业第一。某西式快餐品牌和这家番茄沙司供应商合作已经超过20年了，具体对口的关键客户经理也已经服务了5年多，他是一个尽责并且能够用双赢思维思考的职业销售人员。显然，在他提出时供应商的成本压力到了很难疏解的程度。

而快餐公司由于规划大规模的促销以提振销售量，公司预计今年利润可能会出现下降。因此，高管团队给采购部门下达了苛刻的成本节省指标。作为采购人员，只能靠启动创造力去寻求解决方案了。

通过成本分析，10克装的小袋番茄沙司的成本中，有约30%来自原料，30%来自包装。既然原料成本没有机会下降，那么是否可以研究如何减少包装成本呢？遗憾的是，石油价格的上涨导致包装成本也略有涨幅。在讨论包装成本的时候，关键客户经理提出了一个可能的方案：供应商每年会有一笔预算投在品牌宣传上，如果客户企业可以放弃目前的品牌定制包装，转而接受只印有供应商品牌标识的包装，则供应商可以将品牌宣传预算的一部分补贴给客户企业，弥补番茄原料涨价带来的成本增加。在听到这个提议后，感到终于看到了一丝光亮，于是兴冲冲地去和品牌部门协商。不料，品牌部门一口回绝。作为一个全球知名品牌，品牌部门表示没有办法接受将自己的品牌宣传阵地让给其他品牌。沮丧地回到座位上，一边盯着手上的小袋番茄沙司发呆，一边思考对策。小袋番茄沙司在手里翻过来、翻过去……突然发觉，小袋装有两面！如果一面维持现在的画面，另一面改成供应商的品牌画面，是不是就能满足双方的诉求了呢？

最终，快餐品牌的伙伴接受了双面包装的建议，而供应商也很愉快地通过了相应的价格。在原料和包装材料都涨价的前提下，小袋包装番茄沙司的采购价格反而降低了 0.7%。

第四，善于倾听。倾听是比表达更有力的沟通工具。你必须非常耐心地听完对方的话，并充分理解。如果不理解，你可以追问，直到充分理解并且对方也确认你已经理解了他想表达的意思时，沟通才算完成。

现在大家比较普遍使用的沟通软件是微信。最近，有一个 28 岁的姑娘因为"死亡微笑表情"而被公司开除了。这让很多年纪略长的网友很诧异，一个微笑表情居然会惹出这么大麻烦！我们沟通中使用的文字符号，只能传达大约 7% 的意义，另外的 93% 是通过语气、表情和人的肢体语言来传达的。现在微信成了非常重要的沟通渠道，微信表情的地位变得举足轻重，也就不奇怪了。

现在，我们大部分时间都躲在屏幕后和他人对话，但其实书面沟通的效率是很低下的。当我们打出"苹果"这个词或者说出

"苹果"这个词时，在有的人心中，它是色泽鲜艳、口感爽脆的红富士苹果；在有的人心中，它是小巧金黄、甘甜多汁的烟台苹果；在有的人心中，它还可能是一部智能手机。

理解上的差别需要通过情境描述去做进一步的诠释，人们才能充分明白"苹果"这个词究竟是指什么。从充分沟通的角度来看，能打电话的话尽量不发消息，能见面沟通的话尽量不打电话。远程会议最好也设置成视频模式，以方便与会方看清对方的表情和肢体语言。

倾听不但要听到对方说的话，更要能听见对方的情绪和言外之意。要想做到这一点并不容易，一个简单的技巧可以帮助我们提高倾听的效率。那就是，全然放下你自己，沉浸在对方的描述中，尽量贴合和体会对方所描述的场景。你一定要学会只听不说，至少维持 7 秒。听的时候全身心地聆听，不去思考如何回答，不去组织自己接下来的语言。很多人，特别是我们做采购的人，都比较喜欢表达。你可以尝试一下，只听别人讲话达 7 秒以上，不要有任何回应的冲动，不要插嘴。如果你能够做到，说明你已经学会最基本的倾听了。

关于沟通技巧的书也有很多，樊登的《可复制的沟通力》是一本可操作性比较强的、有助于沟通能力提升的读物，在此作个推荐。

第五，也是最重要的一点，那就是创造性思维。很多时候，你想要的和对方想要的是矛盾的，此时我们很容易采取"各让一步"的方法来解决矛盾。

比如，出门买菜时，你讨价还价："黄瓜多少钱一斤啊？""十块。""八块卖不卖？""八块卖不了，九块吧。""行，来两斤。"这并不是一个双赢的解决方案。如果你成功为老板多带来一个客人，两个人买多一点，获取优惠价格，这可以算是最基本的双赢——你获得了更低的价格，老板也赚到了更多的钱。

双赢的含义是，采用的既不是你的方案，也不是我的方案，而是一个对你我都更有利的第三种方案。第三种方案往往不容易找，但一旦找到，威力强大。具有创造性的解决方案尽管很难得，但是我们仍然可以从大自然中得到一些启发。

案例 3-2
用奶牛排泄物发电

芝加哥的一个奶牛养殖场，由于饲养数量较大，需要花费大量时间和金钱处理奶牛的排泄物，才不至于污染周边环境。奶牛排出的大量温室气体，对养殖场附近的社区也造成了一定的影响。

于是，这家牧场把饲养过程中收集到的牛粪积聚起来生产沼气。沼气排出后可以发电，除了为养殖场提供用电，多余的电力还可以输入国家电网，为周边社区供电，牧场自身也可获得收入。这种利用奶牛排泄物发电的方式，不但解决了奶牛的粪便污染问题，还给自家牧场和社区提供了清洁、可再生、便宜的能源。这种方法，可谓一举多得。

判断是否达成"双赢"有一个简单的标准，那就是"蛋糕是否变大了"。

富有创造力的，并且让双方都能够获得更大利益的方法虽然不容易获得，但非常值得我们花时间积极尝试。运用之前讲到的多种成本管理技术，相信我们一定能找到威力强大的解决方案。

有了以终为始的工作习惯，有了沉浸式倾听的沟通技能，有了创造性思维，再加上采购技术，你就已经超越了80%的人。当你成为一个技能卓越、沟通能力强的采购人员时，帮助你的协同力量自然也会来到你的身边。

第二节

如何维护供应商之间的关系

我认为，有功夫维护关系，不如动脑子做生意。

供应商关系的维护是采购人员的必修课，维护好供应商关系有助于企业获得超越一般的竞争性优势。但是，"关系"二字实在包含了太多意思，用在采购人员与供应商之间，尤其显得讳莫如深。有时候我也觉得有些奇怪，如果销售人员维护的是与客户之间的关系，似乎大家都认为是理所应当的。可是，销售人员维护关系的对象，不就是采购人员吗？为何同一段关系，从采购侧来看，就显得不大正当了呢？

在本节中，我将详细说明不同类型的供应商关系维护的目标，以及建议采用的方法。对于供应商关系管理的一项基本准则就是"投入产出比"，即把时间和资源用在可能带来最大回报的供应商身上。本节还说明了采购人员应该如何发掘供应商的潜力，找到那些可能带来巨大回报的供应商。

那么，采购人员是否需要和供应商建立一些私人的联系呢？

仅从做好采购工作的角度来看，我认为没有必要。

采购人员对于供应商而言，其存在的最大价值无非是给予公平的生意机会；在日常交往中平等地对待供应商；愿意提供必要的信息，激发供应商的创新灵感，创造出新的合作机会，从而给供应商企业带来更多收入，同时给本企业带来竞争性优势。

由于采购领域存在拿回扣等现象，供应商并不总是能够公平地获得生意机会。总有些"幸运"的供应商会得到利润更丰厚的订单。因为这种明目张胆的不公平，销售人员才会选择做客情维护，以不公平对付不公平。但请你不要忘记，所谓的"客情维护"是需要成本付出的，而这些成本都需要被计入销售价格（采购成本），最终回收。

采购人员一直被认为是"甲方"中的"甲方"，经常能见到一些采购人员对供应商态度倨傲，忽略协作和合作，甚至有些采购人员对供应商缺乏必要的尊重，出口伤人。一旦人和人之间形成了"身位差"，平等和尊重就显得不容易做到了。

供应商普遍都很热切地想要服务客户，如果客户能够花时间讲述企业愿景和发展方向，主动分享最新动态、对业务的需求、对行业的思考，便能激发他们的灵感，给双方带来有创意的新想法。

　　以上这些，完全能够在工作时间和工作场合完成，也没必要花费个人的业余时间。从供应商的角度来看，假如能够获得公平竞争的生意机会，可以常常被激发灵感而创造出一系列的新产品，使爆款涌现，那么还有什么比日益增长的生意额、越来越深刻的相互成就，更能夯实双方间的合作关系呢？比如，瑞幸和塞尚合作的茅台酱香拿铁，品牌方给出"中年男人的第一杯咖啡，年轻人的第一口茅台"的顾客价值，供应商从技术上给出万店标准操作的方案。打造出风靡一时的爆款产品，协力完成了一场成功的营销活动，使供需双方都获得了可观的效益。

评估供应商的标准

　　目前大部分连锁餐饮企业的供应商评估体系，都脱胎于百胜中国的 STAR 供应商评估系统。STAR 的全称是"Supplier Track Assessment and Recognition"，即供应商追踪、评估及表彰体系。这套体系最初是从百胜美国总部引进的。我在刚刚加入百胜中国的时候，就接手了翻译这套供应商评估系统的任务。

2000 年，百胜中国对这套供应商评估体系做了一次比较全面的修订，修订的方向有两个。

第一是量化评分标准，使不同的采购管理人员对评估标准有较为一致的理解，对评分标准的把握尽量趋近，不因为评分人员的不同而造成评分结果的巨大差异。

第二是增加、删减和优化了部分评估内容，使这套评估标准更适合中国供应商的实际情况，以及供应商所在行业的现实情况。简单来说，就是使这套评估标准更加本土化。目前连锁餐饮企业使用的供应商评估体系大多脱胎于这个本土化版本，并结合自身的需求发展出各自的评估标准。

不论供应商的评估体系多么个性化，都包含以下几个方面。

第一，红线原则。食品安全保障体系、产品质量保障体系完备，供应能力强，以及财务稳定性强和诚信评分等级高，都是作为一家合格供应商的基本条件，在这些方面有缺失的供应商，不能被纳入供应商池。

第二，基本要求。在红线原则之上，我们会对供应商的成本管理能力以及供应灵活性、客户服务质量打分。打分也就意味着不涉及"对"或"不对"，而是对优劣程度进行评价，优秀的供应商可以获得更高的评分。

第三，竞争性优势。不同企业，或者企业在不同发展阶段，对供应商有不一样的诉求。例如，有些企业会对供应商同时供应多个区域，甚至运营跨国业务线的能力有要求。通常这样的企业正处在高速扩张期，特别是正处于向海外扩张的阶段。如果供应商能够支持企业跨区、跨国，那么该企业在异地供应链搭建上能够省去很多时间和金钱的投入。

进入相对成熟期的企业，同行竞争激烈，或者行业本身对产品技术要求高，那么企业就会要求供应商有强大的产品创新能力，能够不断制造出令行业惊喜的产品。例如，瑞幸的酱香拿铁就是由宁夏塞尚乳业这家供应商主持研发的。现在市场上看到的"生椰拿铁""米乳拿铁"都是从供应链侧，也就是说是由供应商推动并且发展起来的。至于它们最终能不能成为爆款，必须接受市场的检验，但是很多关于产品的创意都是从供应商侧产生的。依靠供应商投入产品研发的做法由联合利华、雀巢餐饮服务等食品配料巨头推动。具体做法是由数量众多的供应商向餐饮品牌提报海量的新产品概念。餐饮品牌从中筛选出一部分，通过新产品委员会（NPC）的评估，上市并经过消费者的检验。能够最终留下的那些，会常驻在菜单上，成为我们口中的"爆款"。例如，肯德基的老北京鸡肉卷、新奥尔良烤鸡腿堡、香辣鸡米花等，都是通过采用这样的研发方式开发成功的。因此，供应商的研发和创新能力，也是供应商评估标准中较为重要的一项。

我还观察到另一类产品研发，这种研发逻辑和百胜中国的重投入恰好相反。有些企业，规模没有那么大，供应商也并不见得都是行业顶尖的"玩家"。我认为这类企业的研发逻辑值得更多企业去学习和参考。这类企业的上新频率有限，但上新的目的性和目标性极强，非常聚焦。虽然上新数量不多，但是更讲究上新的质量和效果，或是为了节省成本，或是为了强化自己的优势品类，还有的则是为了打击竞争对手。研发活动以餐饮品牌研发部门为主，供应商则按照品牌方的要求提供原料，供品牌方选择。以萨莉亚为例，它每年上新次数为 3 ~ 4 次，由公司的研发负责人（行政总厨）负责，所有的新品都以一物多用、方便餐厅操作（不消耗人力成本），以及不导致运输、存储、生产过程中的额外浪费为基本原则。这种类型的研发模式，对餐饮品牌方的研发能力要求很高，同时对供应商的生产灵活性有着一定要求，对供应商的创新能力要求则较低。

第四，文化和价值观。这点除了涉及业务层面，还涉及企业价值观层面。沃尔玛、星巴克都要求供应商符合它们的道德采购标准。所谓"道德采购"就是要求供应商在合法合规、员工福利（包括合理薪资、合理工时、加班合理补偿、员工工作环境、员工的生活环境等）、对环境保护是否有贡献、对社区和社会是否有贡献等方面，达到采购方的最低标准。

星巴克要求新供应商提供一年以上的记录来证明公司在上述几个方面的实际表现，现有供应商也必须每年重新审核。年审未达标的供应商要增加审核频次。对星巴克来说，道德采购被列入"红线原则"。

如图 3-1 所示，供应商的评估标准有四个层次。这四个层次并不一定同时存在，其侧重点因企业、企业的发展阶段以及企业自身的文化和价值观的不同而有所不同。

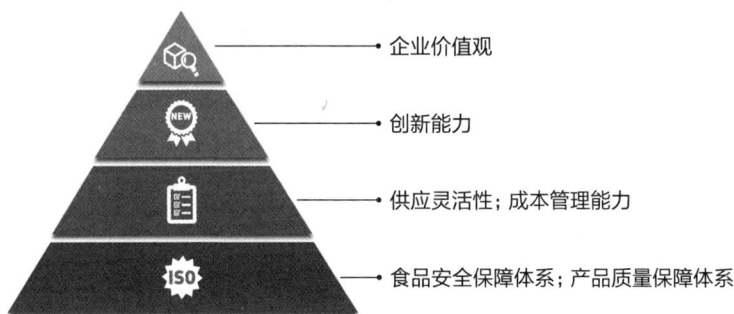

图 3-1　供应商的评估标准

供应商的协同大于管理

对采购部门来说，能够获得供应商的支持是寻求协同中最重要的一个部分。

我们对供应商经常会使用"供应商关系管理"（Supplier Relationship Management，SRM）的概念。

"供应商管理"只代表巨头公司对供应商的协同方式，也只代表第二次工业革命时代[①]的社会协作关系。

在本书中，我想要强调的是"协同"这两个字，而非"管理"。供应商在自己的领域里，为了生存、发展、保持竞争力，

[①] 第一次工业革命时代即蒸汽机时代；第二次工业革命时代是以电、石油为能源的工业自动化时代；第三次工业革命时代即互联网驱动的信息技术时代；当下面临的是新能源、产销合一的扁平化社会大协作时代。

他们花费了大量的精力、时间、物力、财力、智力。供应商往往是本领域中最专业、最有经验的，是我们了解这个行业最好的老师，同时也是给使用企业带来助力和竞争性优势的最重要资源。那么，供应商协同和供应商管理有什么不一样呢？

供应商协同有以下三个特点。

（1）**行为不同**。供应商协同的关注点在于引导供应商的行为，用引导的方式让供应商的行为能够更加符合企业的需求和期望。

（2）**目的不同**。所有供应商管理的动作，都是围绕两家企业之间的关系而展开的，目的是让两家企业有更健康和更高效的合作关系，而传统的管理逻辑是让供应商符合企业的价值取向，防避质量风险、供应风险和公关风险。

（3）**协同的层级更广泛**。要允许一家公司通过不同部门职能和层级之间的协调，充分利用规模优势，让一家供应商对使用企业的效用发挥到最大。

如图 3-2 所示，这是一个供应商关系管理矩阵，横坐标代表战略潜力，纵坐标代表业绩表现。业绩表现是指供应商在成本管理、质量控制、创新驱动、供应保障这四个方面的实际表现达到我们期望的水平。

业绩表现好

劳模型 | 联盟型

战略潜力低 ←→ 战略潜力高

规避型 | 保释型

业绩表现差

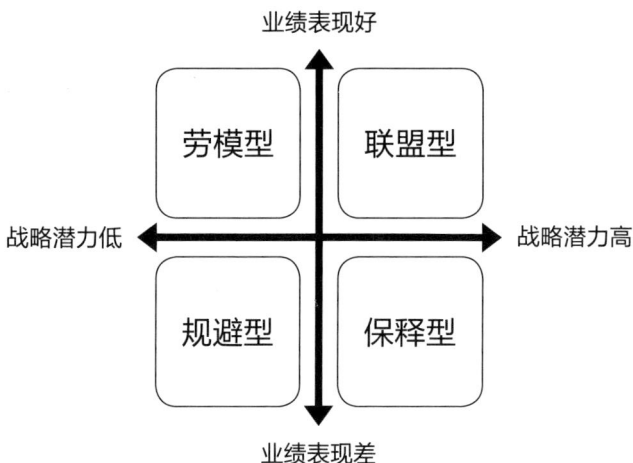

图 3-2 供应商关系管理矩阵

战略潜力是我们需要认真分析的维度。很多采购人员会把重要供应商划分为战略潜力高的供应商。所谓的重要供应商，一般是指采购支出占比较大的供应商，或者供应核心原料的供应商。但这里的"高战略潜力的供应商"和采购支出大小不存在因果关系。这里的潜力是指这家供应商的技术和能力是否能够给使用企业带来超越竞争对手的短期和长期优势。举例来说，假设你的最大采购支出来自某个猪肉供应商，除非这家供应商在肉猪养殖技术、资金规模、土地供给、饲料采购等方面有超越同行的能力，或者拥有同行没有的资源、优势，否则无论采购金额有多大，都不能成为高战略潜力的供应商。

图 3-2 中的 2×2 矩阵把供应商分成了四个不同的；类型，下面来解读一下这四个类型。

第一类落在左下角的象限。这类供应商的业绩表现比较差，同时也没有很高的战略潜力。我们尽量避免与这一类供应商合作，因此可以把他们叫作"规避型"。这类供应商如果没有办法提升业绩表现，或者战略潜力始终较低的话，我们需要把他们清除出供应商的队伍。

第二类落在左上角的象限。这类供应商的业绩表现较好，而战略潜力欠缺。这类供应商被称作"劳模型"。通常这类供应商的业绩表现非常稳定，但是在新技术的研发上并不具备过人之处，或者该供应商所在的行业本身不会有重大的技术突破。例如，餐饮企业的运营物料——抹布、清洁剂、纸巾、餐具、吧台小器具等。这类物料的采购金额较少，品种却非常多，采购的周期也经常是不确定的。通常餐饮企业会通过经销商集成采购，这样可以避免在这类物料上耗费过多的人力资源。同时，借助服务多家企业的经销商的规模优势，企业可以获得比向厂家直采更大的价格优势和更优质的服务（更小的起订量、账期等）。经销商的本质功能是提供配送服务和垫资，一般不可能形成战略性优势，更不会给客户企业带来竞争优势方面的影响力。

第三类落在右下角的象限。这类供应商的战略潜力非常高，但是业绩表现很差。像一个很有潜力的顽皮学生，这类供应商被称作"保释型"，我们需要花非常大的力气去提升其业绩表现，从而能够让他们的战略潜力为公司所用。

第四类落在右上角的象限。这类供应商的战略潜力高，业绩表现也稳定且优秀。这一类是我们最倚重的供应商，也是最想保留和建立长期关系的供应商。我们把他们称作"联盟型"。

以这个四象限类型供应商为基础，来分析我们应该怎么看待和各种不同类型的供应商之间的协作关系，又如何建立、维护和发展好这种协作关系。

劳模型供应商业绩优秀，他们对企业的业务成功虽然不能起到关键作用，但是通常非常专注于他们自己的领域。

一般来说，这类供应商会同时为多个客户服务，并且会建立起比较大的规模来规避风险以及获取对生产厂家的议价权。因为他们知道，自己的客户企业都不会把自己视作核心供应商，劳模型供应商需要数量庞大的客户，他们"不把鸡蛋放在同一个篮子里"。

对于这类供应商，我们需要做的是维护供应商的积极性，鼓励供应商继续维持高的业绩表现。但是，千万记住，不要错误地为他们贴上"战略性合作伙伴"的标签，以免供应商产生一些不切实际的期待。

对于规避型供应商，他们的业绩表现差，对企业的业务成功没有关键性影响。我们要尽量不让这一类供应商出现在我们的供应商队伍里。对于这类供应商，我们要做到沟通透明。在供应商管理上，应该做到在出现问题的第一时间就展开沟通，不要等到有固定的绩效沟通窗口才来谈问题。有的企业喜欢举行年度的、半年度的或者是月度的供应商会议。固定的供应商沟通窗口虽然有助于双方做好时间规划，但对于规避型供应商而言并不是特别合适。在发现问题的第一时间沟通时，企业需要做到以下两点。

第一，充分释放自己的善意，让对方放下防备心理，使双方能够站到一个立场上，共同面对问题、解决问题。因为一旦供应商出现质量事故或者服务不及时等问题，供应商在与客户企业面谈之前，一定已经进行内部讨论并形成应对方案了。人都是趋利避害的，所以，在做这类并不令人愉悦的沟通时，企业应于会议开始前释放善意，这也是缓解紧张气氛、引发与会者信任的重要一环。

第二，客观、透明、直截了当地说明问题。不推卸责任，也不横加指责，就事论事地说明事实以及对客户公司造成的影响。切忌单纯地释放善意，而不把问题和问题的严重程度说清楚。更不可取的是，为了疏解自己的情绪压力而对不良后果进行过度渲染，引起误解。

此外，我们可以给予这样的企业一个提升的机会，但我们不必投入更多资源去帮助这类供应商提升能力；相反，我们要准备好妥善、成熟的替换方案，并且适时启动替换方案，诚实告知供应商。

对于联盟型供应商，我们值得花最多的时间和精力去建立、维护、促进合作关系。这类供应商的战略潜力高，业绩表现也非常亮眼。通常，这类供应商在自己的行业领域，已经名列前茅了。

这类供应商一般具有这样一些特征：①产品和服务近乎完美；②能够提供创新的想法；③技术能力对整个行业的变革有一定的影响。这样的企业一般数量极少，有时候甚至找不到。这类供应商掌握着令客户企业增加收入和利润的秘籍。

令人遗憾的是，这类供应商一般没有很高的意愿与客户建立长期稳固的关系。他们并不缺少客户，相反，他们通常是被客户追着跑的那个。

和这类企业建立合作关系，要注意以下几点。

第一，要选择"门当户对"的供应商。供应商的规模和能力，要与客户企业基本势均力敌、相互匹配。这样供应商才会有更强的意愿服务好客户企业。

第二，在供应商能力发展上，我们要花更多的时间，要提高沟通的层级。不单是供应链部门的最高级别管理者必须跟对方建立定期的互访制度，甚至是公司的高管层也需要建立互访计划，举办至少一年一次的高层会见。

第三，也是最重要的一点，要建立起互信的激励机制，让供应商因为对本企业的服务而获得更大的利益，和企业一起谋求宏图大业，成为行业的影响者。

寻找高战略潜力供应商，与高战略潜力供应商建立、培养、维护、增进合作关系，非常考验采购供应链人员对行业趋势的敏感度，以及对行业未来的预判能力。采购人员要能够成为第一个识别新产品、新服务和新技术潜在价值的人。

技术领先的供应商都不缺客户，特别是当他们有了技术突破之后，你的竞争对手也会找到这家供应商寻求合作。所以，我们需要时刻保持敏感度，永远要做发现"千里马"的第一人。

当然，日常关系的维护和增进也非常重要，需要注意以下几点。

第一，要建立比较频繁的常规沟通，定期召开月度或者季度会议。在会议上，要将重点放在双方面临的市场机遇和挑战、双方的战略规划以及技术革新的最新成果上。

第二，我们要给予供应商一定的业务承诺，让供应商有生意的保障，看到我们的诚意。

第三，以同等地位的合作伙伴的形式共同运作合作项目，也可以组成跨公司的团队，共同完成一个重大项目。在这个团队中，我们是平等的关系，而不是传统的甲方乙方关系。

第四，我们要拥有共同的愿景，要像一个流畅运行的整体。具体来讲，双方可以各自指定一名高层负责人，定期进行沟通。而这名负责人必须具备整合跨职能和跨业务层级资源的能力。举例来说，他可以是主管副总裁，甚至总裁。双方都要投入最好的团队，因为这事关自己企业的未来发展，所以必须给予重视，要把最好的团队投入战略合作类别的供应商合作中去。

案例 3-3

雀巢和肯德基的合作关系

雀巢和肯德基的合作关系可以说是战略联盟的范本。20 年前，雀巢提供给肯德基的产品是美禄、雀巢柠檬茶、果珍等饮料粉。雀巢的销售全部通过强大的经销商体系完成，品牌方本身不直接和客户有交易关系。

雀巢为了肯德基，打破了这个惯例，成立了一家只服务百胜中国这一个客户的分销公司，由某家资深经销商来负责服务和产品交付。双方的业务沟通在品牌和品牌之间直接进行。对于新产品的开发研制和试用，也都由品牌双方直接沟通。雀巢和经销商之间的利润分配由他们自行协商完成。这样的战略联盟方式，令肯德基和雀巢的关系更加紧密，同时也不会破坏雀巢的经销商体系。

第四节

供应商关系管理的实施要点

SRM 系统是采购管理系统的一个子系统，也是采购管理系统的一个重要模块。SRM 的宗旨是关注那些长期会造成很大影响的少数供应商。供应商关系管理在本质上是一种投资，即投入时间、精力、生意机会和智力成本，以期获得回报。既然是投资，那么必然看重投资回报率，我们要将关注点放在少数的有高潜力的供应商身上。

SRM 依据合适的关系模型来驱动理想的供应商行为。不论是百胜的 STAR 系统，还是星巴克的 SRM 会谈，其目的都是影响供应商的行为，以期供应商行为能够在合适的关系模型下（SRM 象限）稳定、持续地为企业服务。

SRM 与品类采购策略互补，实施 SRM 要避免过度权衡微观利益。品类采购策略注重如何采购东西，SRM 注重如何驱动供应商行为。

SRM 与品类采购策略有时也会有冲突，比如对于核心原料的采购，企业往往会采用多供应商策略，以分散供应风险。假设该品类中出现了战略型供应商，那么供应商很可能会对供应份额提出要求，甚至要求成为唯一供应商，以确保自己的商业利益不会因为战略合作关系的绑定而遭受损失。在遇到这类情况的时候，我们需要将利弊权衡，放到更大的语境中去讨论，从更长远的利益来衡量和评估。

从整个公司的角度出发对供应商进行分类，并按此分配资源，坚决抵制根据品类来对供应商进行分类。承接上文，更大的语境意味着，超越采购团队与供应链团队的视角，从整个公司的发展角度来看待与供应商的合作关系。

切记，供应链采购是为企业的短期和长期目标服务的，为企业获得竞争性优势是供应链最核心的目的。

企业动态管理合作矩阵模型可以定期更新供应商排名，让企业勇于做出艰难而正确的决定。企业在不断发展成长，供应商也在持续更新和变化，技术更是不按任何人的意志，自顾自地向前奔跑。

物竞天择，适者生存。不可避免地，一些供应商会被取代，也许我们的企业自身也会被供应商淘汰，这种相互关系的变化时时都在发生，只有因势利导，才能始终保持最合适的供应商关系。

企业都是从初创开始的，如今的世界级巨头百胜、麦当劳、星巴克，在半个多世纪前都是小企业。那些陪伴企业、陪伴企业创始人一起成长的企业，很多行到中途无法继续。这对供应商和企业来说，都是艰难的决定，但也是不得不做出的决定。

根据公司组织架构和权限设置的不同，SRM 不一定由采购部门主导。对于设置首席采购官（CPO）职位，并且架构赋予 CPO 核心决策权的企业，SRM 由采购主导是恰当的；而对于采购职能架构于供应链之下或者财务部门之下的企业，供应商管理应该升格到企业核心决策层来主导。

综上所述，供应商关系管理不是一个部门的事情，而是一项企业级的决策。和什么样的供应商合作，如同和什么样的人结婚，是企业发展过程中的少数几个重要决策之一。

第五节

深入了解供应商能力与潜力

作为采购总监，供应商是最重要的助力，没有之一。供应商的现有能力、发展潜力以及供应商对你的重视程度，决定了他们可以给你以及你的组织带来的价值。

学会评估供应商的能力和潜力，以及有技巧地建立和维护与供应商间的关系，是采购总监的必修课。在这一节里，我们来讨论如何评估供应商的能力以及如何发掘供应商的潜力。

1997年，我加入百胜中国，担任采购助理。我接到的第一项工作任务就是把 STAR 评估手册翻译成中文。我至今仍然保留着当时的翻译稿，偶尔翻看，发现很多语句完全不能表达原文的意思，措辞也离标准的专业术语相差甚远。

STAR 评估手册在百胜中国一直使用至今，经过很多次修改、增补和优化，现在已经是餐饮业竞相模仿的供应商评估的宝典了。STAR 评估手册对于我而言，是供应商管理的启蒙教材，给我提供了供应商评估的思考框架。在加入百胜中国之初就获得这样一个学习机会，对我今后的职业发展，产生了深远的影响。

离开百胜中国后，我前后在中餐企业、500 强制造业和星巴克工作过。不同类型的企业对供应商评估有不同的要求，但基本逻辑都相近。其中，星巴克的供应商管理更注重共同的价值观，以及对供应商伙伴关系的维护。

以下是我对供应商能力评估的逻辑、方法和标准的总结。

逻辑

做人也好做事也好，结果如何通常是由两个因素决定的，一个是能力，另一个是意愿。

有能力且有意愿的人，通常就能够把事情办好。有能力没意愿或者有意愿没能力的人，办事结果通常会打些折扣。对既没有能力也没有意愿的人，那还是彼此不要浪费时间了。对供应商的评估，我们也可以从能力和意愿这两个维度来进行。

由于意愿是无形的，在对方的心里，是主观判断，因此无法用量化指标来衡量。有一句话叫作"说什么不重要，做什么才重要"，供应商的意愿会通过实际交付的情况得到体现。当然，交付表现不佳也可能是由能力不足造成的。

但因为之前已经对能力有了评估，实际表现的优劣一方面可以印证对能力评估的准确度，另一方面也能够客观地、相对充分地体现意愿的高低。

方法和标准

能力是体系保障，决定了供应商表现的一般水平，以及良好表现的稳定性和持续性。能力评估主要分为五部分（见图 3-3、表 3-1）。

（1）获得成本优势的能力，包括上游原料的供应成本、厂房设备的生产成本、人工成本的管理，以及成本削减、创新方法等。此项能力重点考察供应商在原物料采购、生产成本、人工成本等方面的管理能力，以及获得成本优势的客观优势和主动管理能力，还有该能力成为结构化知识的程度。最后这半句话有点不好理解，我举个例子来说明。

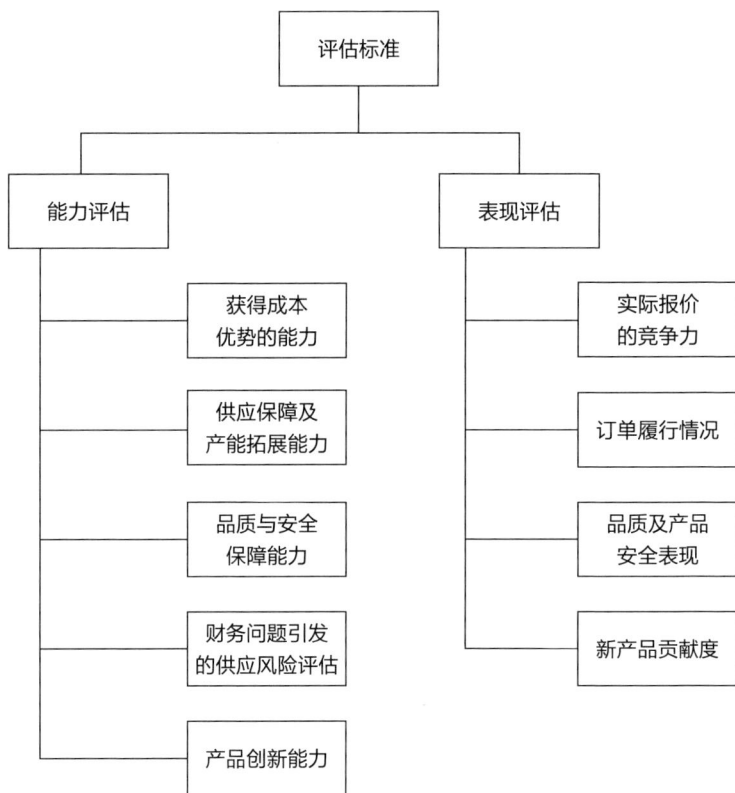

图 3-3　供应商能力评估标准

表 3-1　供应商能力评估维度

评估标准	获得成本优势的能力	供应保障及产能拓展能力	品质与安全保障能力	财务问题引发的供应风险评估	产品创新能力
评估标准1	上游原料的管理能力	工厂产能占用率	有无权威的质量体系认证	财务报表所呈现的资产负债情况、流动比率、速动比率、现金流等指标	供应商在创新研发上投入金钱的价值
评估标准2	劳动力成本的竞争优势	工厂的产能上调弹性	—	—	创新团队的能力、组织形式及激励机制
评估标准3	固定资产投资情况及折旧期限；厂房设备的利用率	有无供应应急计划？应急计划的完备程度如何	—	—	创新领导者的背景及过往成绩
评估标准4	物流成本的管理方法	所在地区的灾害发生历史，有无灾害防范及应急计划	—	—	—

百胜中国内部设有很多奖项，对员工的突出表现给予肯定。每一个奖项代表不同的期望行为，当这个期望行为持续出现，并对企业形成正面积极的影响时，员工就会得到奖励，以鼓励这样的行为更多地出现。有一个奖项叫作"造钟人奖"，这个奖项的用意是"当别人问你时间的时候，直接告诉他时间不如造一款时钟

悬挂在高处,这样每个人抬头就能知道时间了"。"造钟人奖"鼓励员工将技术诀窍总结成结构化的知识,沉淀为公司的智力资产。

(2)供应保障及产能拓展能力。餐饮企业的需求随季节、气候等因素波动较大,波峰和波谷的需求差异可以达到数倍之多。因此,供应商的供应弹性是餐饮企业看重的因素,对于短保质期、无法囤积库存的品类更是如此。此外,在高速发展阶段的企业,需要供应商同步拓展它的产能,以保证跟上企业的高速成长。这部分重点考察供应商的产能占用情况。产能占用既不能太满,太满会挤压供应弹性空间;又不能太低,太低会拉高固定资产折旧的分摊。理想的情况是,供应商有自己的诀窍来应对需求量的波动,且始终能满足餐饮客户的需求并保持合理的折旧摊提比例。

有经验的供应商会拆解整个生产过程的瓶颈点。例如,冷鲜三明治的生产,在最后的组合与包装阶段,需要大量的人工,产能的大小受制于工人数量、工人熟练程度以及组合包装的场地大小。针对这三点,供应商可以做的是组合包装车间预留场地;全员培训,所有员工都能补充组合包装岗位;如果工厂附近计时工人的资源充足,于高峰期雇用临时员工也是一个常用的办法。

(3)品质与安全保障能力。这部分主要考察供应商在保障产品安全和产品品质方面所具备的体系化管理能力。如果供应商已经获得 ISO（国际标准化组织）、HACCP（危害分析和关键点控制，是一种控制食品安全的预防性体系）、GMP（良好生产规范，指导食物、药品、医疗产品生产和质量管理的法规）等认证，一般在品质和安全控制方面都有基本的保证。这是一条红线，这部分能力缺失的供应商，将会触发"一票否定"，失去继续参与评估的资格。

（4）财务问题引发的供应风险评估。这部分主要考察供应商的财务风险。供应商如果是上市公司，财务评级在公共渠道就可以获得。非上市企业的供应商可以请财务人员对供应商的关键财务指标做分析，以判断其财务状况是否会造成潜在的供应风险。

（5）产品创新能力。这部分主要考察供应商在产品创新方面的人力资源和团队实力、在技术开发上的投资和激励机制，以及与相关科研院所等身处先进技术前沿的组织是否已经建立长期合作等。

以上五点是绝大部分企业都重视的供应商能力。除此之外，有些企业还会有自己特别看重的特殊要求。例如，星巴克、沃尔玛的道德采购评估，要求供应商在员工福利、工作环境、薪酬公平、环境友好、回馈社区等方面持续保持一定标准，并且将相关工作用书面形式记录。星巴克只会雇用有一年以上相关记录，并且通过星巴克道德采购评估的供应商。

供应商表现是指在能力体系保障下，供应商实际的交付表现如何。

第一，成交价格是否在一众供应商当中具有竞争力。第二，订单是否能保质保量地完成，并且在企业有紧急需求的时候能够给予充分的满足。第三，质量和食品安全有无出现疏忽和失误。第四，财务状况是否持续保持稳定（是否能够接受合理的账期、流动比率是否在安全范围等）。第五，新产品提案的数量，以及中选的产品数量等。

表3-2是供应商表现评估示例，供大家参考。

表3-2　供应商表现评估示例

评估标准	实际报价的竞争力	订单履行情况	品质及产品安全表现	新产品贡献度
评估标准1	在连续三次报价或竞价中，与其他供应商相比的价格高低	按时按量履行订单交付义务的次数占总订单数的比率达92%以上	半年内没有重大质量安全事故（"重大"需要企业自行定义）	按提交新品的次数及入选的次数计算
评估标准2	—	—	一年内普通质量问题出现的比率小于2%	—

第六节

采购要具备的结构性思考

作为采购总监，你的团队和企业内部相关部门的人员就是你重要的助力。你的所有工作都需要在他们的支持和协助下完成，他们的能力和意愿是决定他们对你的支持力度的两个主要因素。

人是这个世界上最复杂的生物，我们没有统一的标准答案可以解决有关人和组织的问题。我能够给的也只是一套结构性思考的方法，以及一些经验，仅供大家参考。

意愿和能力的不同组合决定支持力度的强弱

如图 3-4 的矩阵所示，高支持力度来自高意愿叠加高能力；高意愿但低能力，也能够提供一定的助力。唯有低意愿是不可能产出高支持的。能力是客观的、可衡量的。意愿不可衡量，但可以被影响。影响意愿的最佳方式是使利益一致。

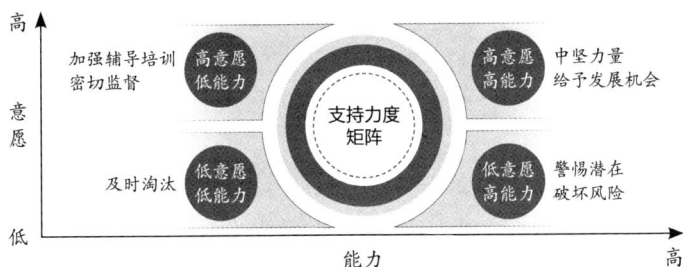

图 3-4　支持力度矩阵

了解团队和组织的能力

如果你刚刚升任采购总监或者空降到一家新公司担任采购总监，那么入职后一对一的访谈是了解团队的最好时机。请阅读以下 7 条。如果你已经非常熟悉自己的团队和协同部门的同事，那么可以重点关注（5）~（7）条，重新确认一下你得不到足够支持的原因是否来自团队能力的缺失。

（1）一对一的小范围谈话，更容易让陌生人之间有安全感。

（2）自我暴露是获得信任的重要一步。

（3）始终把关注点放在对方身上，让他们知道你急切地想认识他们，了解他们。

（4）查看每个访谈对象的职位描述，看是否已经包含了你需要的所有胜任能力。如果职位描述的胜任能力不完整，把你想补充的内容写下来。

（5）了解访谈对象的教育背景、成长背景、生活情况。了解这些与了解他们在组织中的角色职能同等重要，甚至更加重要。

（6）主动问及他们最看重的工作目标，以及当前最希望解决的工作问题。

（7）主动问及与你最看重的胜任能力相关的学习、工作经历和实际经验，或者一个现实案例。

排除因能力问题造成的支持不足后，可以把问题归因到意愿不足

影响他人的意愿是一个复杂的问题，超出了本书的范畴。我可以分享的是，利益一致是影响意愿的最有力的手段。

很多时候，团队主管会低估自己团队的能力。我观察了 10 多家企业后，发现这种低估不够客观。创业多年，有一定积累的餐饮企业，在供应链采购板块都积累了一定的经验，有些还形成了自己独特的诀窍。

对比世界级企业的供应商，这些方法论虽然显得过于直白和

朴素，也更多地依赖个人判断和经验，没有发展成可复制的成功之道，但是很实用，也行之有效，给企业带来了收益。想知道自己的团队能力和表现如何，客观的做法是"让数字说话"，量化供应链各个维度的表现，并与其他企业做比较。

全球知名的咨询公司高德纳每年都会公布全球供应链 25 强的名单，到 2024 年这个评选已经持续了 20 年。星巴克曾经名列第 14 位，但可惜的是，最近两年（2022 年、2023 年）均名落孙山。高德纳的评分标准有 4 个维度：物流资产回报率，ESG（环境、社会、企业管控），收入增长、库存周转率，社区贡献。评分方式有专家投票、同行评分、企业自评以及社区评价。可以说，高德纳是目前较为权威的供应链评价体系，当然，参评企业的起点也非常高，需要符合以下条件：

- 位列《财富》全球 500 强或《福布斯》全球 2000 强的制造商、经销商和零售商名单；
- 有公开的财务数据；
- 年收入超过 120 亿美元；
- 实体产品收入占比大于 50%，即超过 60 亿美元。

中小型企业与此无缘，但现在国内已经出现了餐饮企业供应链的测评工具——"魔镜系统"。这套系统运用大数据模型，采集了 10 万家以上的餐饮企业的数据，从成本管理、品质控制、创新能力、供应保障、持续学习 5 个维度，对被测企业进行评价（见图 3–5）。

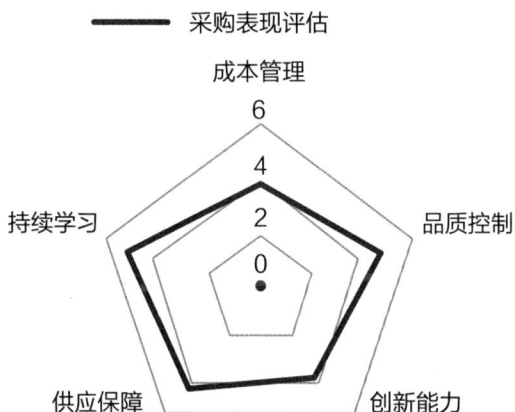

图 3–5 AI 餐饮供应链魔镜系统雷达图

格林童话《白雪公主》中的继母皇后有一面魔镜，这面镜子能够告诉她谁是世界上最美的女人。一个需要反复确认自己是否最美的女人，其实其内心是骄傲又不自信的。这一点多么像我们在评价自己团队的能力时，所表现出来的心态啊。

本
章

≡ **重 点** ◎

提
要

1. 在与供应商相处时，采购人员首先要放下"甲方"心态，倨傲的人容易看不见真相。平等对待供应商，采购人员需要从细微处入手，比如遵守约定好的时间，及时回复邮件和信息；用真诚和开放的态度对待供应商；不把免费的服务、免费的样品视作理所当然。做好这些细微的工作，对方就能够感受到你对他的尊重。

同时，采购人员也要赢得供应商的尊重。这种尊重需要采购人员通过对供应商专业领域知识的深入了解，以及对职业操守的坚持来赢得。

2. 能够带来超凡价值的供应商，不一定企业规模庞大、历史悠久。有时候，创业型企业在新技术上的投入力度反而更大，也往往更容易获得成效。同时，由于企业规模尚小，他们对于合作机会更加珍惜，对于合作条件也不会有过高的要求。采购人员在这个阶段伸出橄榄枝不失为一种好的选择。

千里马常有，而伯乐不常有，在高潜力供应商还没有成为"黑马"之前，采购人员如果能够对其保持关注，并与其积极沟通，那么，即便自己没有慧眼识珠的能力，也能够比竞争对手抢先一步。

3. 判断企业技术能力的强弱，我认为有两个方面：一是企业投入在研究发展上的资金占企业利润的百分比是否超越行业平均水平；二是企业的主要管理人员对于技术相关事物是否了然于胸，研发人员是否对工作抱有热忱。

4. 餐饮品牌的竞争已经超越产品价值层面，进入情感层面，因此，选择价值观接近的供应商是有必要的。这样的供应商提供的产品不仅在审美方面更接近品牌的需求，在产品功能方面更能传递品牌所崇尚的生活态度，而且能帮助品牌完成对公众的情感表达。

5. 只有在平等和相互尊重的基础上，大家才可能形成一种协同或互助的关系。如果关系是自上而下的，就不叫协同，而叫庇护。相反，如果关系是自下而上的，这可能是一种支撑，但这种关系并不平衡。只有当大家在同一个层面上时，才可能形成真正的协同关系。

第四章

沟通
谈判无处不在，不要把技巧看得太重

第一节

谈判是一种价值的交换

　　谈判之所以会发生，是因为双方需要彼此，对双方都有一定价值。一旦一方对另一方失去价值，谈判就会自动终止，甚至压根就不会发生。而谈判的过程就是通过让渡或提供我方的价值，换取对方同意将他们的价值施与我们，让我们获得我们想要的。

　　谈判是一个逐步共情对方、自我暴露、明确偏差、调整认知，最后达成共识的过程。通过沟通来进行彼此价值的确认，澄清双方的需求，弥合双方对自身价值和对方价值的认知偏差，最终达成双方价值交换的目标。

　　谈判的结果只能是两方或多方的共赢。任何单方面的胜利，要么是短暂的平衡，很快会在某种外界因素的影响下被打破，要么是自欺欺人的假象。

　　谈判的准备工作应该围绕双方价值评估和沟通过程展开。以餐饮企业常见的调味料采购为例，谈判的准备工作应包含三个方面：一是标的商品相关信息，二是价值认定相关信息，三是沟通过程相关信息。

标的商品相关信息

　　标的商品相关信息涉及确定标的物本身的价值，以及在可见的将来的价值。

　　（1）标的物相关的功能与技术。对于谈判标的物，采购人员必须十分清楚物品的规格、材质、尺寸、性能等参数，以及该物品在同类产品中的技术先进性。例如，标的商品的形态、使用方式、有效成分的含量或浓度；与可替代品牌或产品相比，是否具有技术优势。更重要的是，这种技术优势对我方的意义有多重要？这种技术优势是容易被替代的吗？是否存在更新的技术替代现有技术？替代的速度会有多快？

　　（2）标的物的成本构成。采购人员应运用采购成本管理八大法中的成本分析，解构标的商品的成本组成。例如，调味粉的主要原料是香辛料、盐、糖等。生产酱油的主要原材料是黄豆、豆粕以及玻璃瓶。在自然晒制过程中，加工成本主要来自人工和设备折旧。由于自身重量比较大，运输成本也是主要成本的构成之一。

（3）标的物主要成本动因以及在拟签署的合同期内的变化趋势。酱油的主要原料黄豆、豆粕依赖进口，在考虑成本动因的时候，除了全球黄豆的收成预期、期货市场价格，我们还需要关注汇率的变化。

（4）相关的国家政策、法律法规是否有重大变化。除了对产品本身的相关法律法规做了解，采购人员还需要熟悉主要原料（黄豆、豆粕）的相关法规。对于依赖进口的原料，考虑的因素还包括国际关系、国际经济大事件等。

价值认定相关信息

标的商品相关信息告诉我们商品本身的价值，但采购价值是在商品本身价值的基础上叠加供求关系因素，形成价格或价格预期。对于双方（买方和卖方）的价值认定，就是确定供求之间力量对比的过程。

（1）买方侧的购买能力：是否存在同我们竞买的企业？它们的规模和需求量如何？它们是否拥有超越我们的特殊价值？例

如，竞买企业是一家知名头部企业，成为它的供应商是对产品品质和供应商综合能力的有力背书。在此情况下，即便我方的出价更高，供应商也可能会优先选择竞买企业。

（2）供应商的可替代性：如果我们无法实现价值交换，是否有其他供应商或者其他产品可以替代标的商品？替换的成本是多少？也就是说，我方能否承受停止交易的成本？所谓"讨价还价的能力"，就是指哪一方有底气先提出"我不干了"。

（3）供应商的产能及产量：供应商的产品是否供不应求？是否有提高加工能力的计划，使得他们对新订单的渴望大大增加？

（4）我方采购量占供应商产量的比重：我们对该供应商来说是否属于重要客户？如果失去我们的订单，供应商是否会有重大影响？

沟通过程相关信息

为确保沟通高效，采购人员应事先了解可能发生曲解、误会的节点和情形，并且尽早扫除障碍。

（1）谈判对象：我们将和哪些人进行谈判？他们在公司担任什么职位？他们的个人风格是什么样的？他们在公司就职的年限

如何？如果是一个谈判小组，这些人相互之间的关系如何？

（2）自我暴露：事先让对方更多地了解我们，可以邀请参观，寄送样品，准备视频资料介绍我方企业的发展历史及未来规划。不仅要展示我方美好的一面，也要坦诚告知我们需要帮助和支持的地方。有些采购人员喜欢"画饼"，我当采购人员的时候，也倾向于美化自身形象，想来也有不少人会这样吧。

有一次我和一位小我十几岁的女生谈话，目的是希望她能加入我们的创业团队，说了没几句话就被她打断："哎，'饼'就不要画了，我不吃。"尽管最后这位女生还是加入了我们团队，但这一次对话在我心里挥之不去。我反思之后发现，自己确实言过其实，不够真诚。真诚比掩饰更能打动人。

（3）决策流程：对于一项销售合同，供应商侧的最终决策人是谁？他更看重什么价值？决策流程上的所有人对该项目所持的态度是怎样的？

（4）对方企业的文化和价值观：世界上最难的两件事情，一是把别人的钱装进自己的口袋，二是把自己的思想装进别人的脑袋。钱、利益尚且有相对客观的评判标准，而想要完全实现思想、价值观的统一，几乎是不可能的。因此，对于价值观的差异，采购人员最好做到事先了解，做到彼此尊重。

谈判技巧的培训课程会讲述一些心理学的知识。例如，如何识别微表情，如何选择谈判场地更为有利，如何在团队之间分配角色等。这些内容因为比较生动有趣，所以通常能够吸引学员。谈判技巧并非完全无用，但我更重视事前准备和真诚、透明的沟通态度。把准备工作做足、掌握全面的信息、客观理性地沟通交流，比相互试探、设置迷雾和障碍要高效得多。

此外，我想再强调一下，在食品饮料品类采购中，价格因素绝对不是唯一的标准，有个几乎不可打破的客观规律：不存在绝对的价格最低、质量最好，只存在相对的最优平衡状态。

新晋品牌对竞争性优势的需求更强烈，因而对具备高潜力的供应资源更加敏感。对于供应商的销售人员来说，这类客户是更优质的客户，他们更激进，更愿意为新技术买单。而一线大品牌的溢价支付反而更困难，不是大品牌没有支付能力，而是决策代理人通常无法站在企业全局的角度来看待采购决策。

第二节

劣势谈判的四个步骤

　　有的时候，你会经历一些非常艰难的人际沟通，或者在供应商谈判中，你正处在相对劣势的地位。即便任职于一家头部大企业，你仍会不可避免地遇到劣势谈判。在劣势谈判的局势下，我们首先感到的压力其实是来自心理层面的，这个时候做好心理建设，突破心理上的障碍是最重要的。

　　下面从一个案例开始讲起。

　　案例 4-1
　　传统小吃的自动化设备

　　A 公司是一家中型餐饮连锁企业，拥有 1600 多家门店，经营中国小吃。公司的核心增长模式是加盟经营，以及新品研发和供应链服务。公司的核心用户价值是"质优价平"，他们在成本控制方面非常努力。传统小吃的生产，需要大量劳动力。随着劳动力成本的日渐高涨，创始人开始考虑用自动化设备来替代一部分手工制作。但是，市场上并没有针对这类传统小吃的自动化设备。经过较长时间的寻访，A 公司终于在市场上找到了一家设备生产企业，该企业已经开发出了样机，但尚未投入批量生产。如果这套设备能够投入使用，那么 A 公司将比所有竞争对手都领先一步，实现劳动力成本的优化。

在与设备供应商谈判的过程中，A 公司的供应链部门了解到，这家设备供应商不仅是行业里面唯一一家能够生产这类设备的厂家，而且他们已经获得了这个设备的专利。这意味着，没有第二家供应商可供选择或对标。设备供应商报价为每套设备数百万元。根据生产部的测算，A 公司需要购入 2 套设备方可满足产能需求。

设备供应商提供的成本分析中包含一项研发费用，占整体报价的 20%，这显然是一笔溢价。

这种情形下，买方明显处于劣势。如果你是采购负责人，你将如何做呢？

充分收集信息

在一本关于谈判技巧的书中，讲述了这样一个故事。

一位插画师突然接到了一个电话，一家著名的杂志社问他愿不愿意将自己的一幅作品提供给杂志社作为最新一期杂志的副页。他受宠若惊，一时间不知道如何是好，于是他们约好一周后谈详细的合作条件。

在这一个星期里，插画师辗转反侧，反复思考如何做才能确保杂志社采用自己的作品。在做了一番准备之后，他向杂志社提出：向对方支付一笔钱，希望对方一定采用自己的作品。插画师对自己的出价并没有把握，但没想到对方欣然接受。事后，这个插画师才知道，他之所以接到邀约，是因为这家杂志社原先确定的插画师临时爽约，杂志的副页面临着开天窗的风险，而杂志社已经没有时间做更多的调整了。如果这个版面空窗，那么杂志社将面临 25 万美元的损失。因此，只要插画师提出的报酬低于 25 万美元，对方就一定会接受。可惜的是，他事先并没有了解这一情况，从而失去了获得一大笔收入的机会，甚至搭了一部分自己的钱。

第一节我们已经讨论了收集信息的维度和要点。一般当我们处于劣势谈判的时候，就要花比普通情况下更多的时间去收集任何与这个谈判相关的信息，包括行业信息、对方公司自身的经营状况、人员情况、财务情况、法务情况、客户口碑、市场风评、相关的技术信息、该领域的相关产品的技术信息，还有对方公司的客户以及对方公司竞争对手的情况。

做好心理建设

在进行信息收集的过程中，你会对双方的情况更加熟悉，在心里对双方的力量对比有了大概的轮廓。在劣势谈判中，人通常会产生心理压力。古人类从丛林中走来，面对力量比自己强大很多的对手，生理上会本能地心跳加速，肾上腺素飙升。这种生理反应是为了帮助人类增加逃逸和抵抗的能力，是在遭遇强敌时的天然保护机制。

可是，当人进化到现代后，这种天然保护机制不但没能起到作用，反而会让人方寸大乱，大脑失去思考能力，做出不理智的举动。我曾经主持过一次电子招标，报价的供应商能看见自己的报价和其他人的报价（只显示价格，不显示报价者信息）、自己报价的排名以及报价后的供应份额变化（供应份额分配机制在投标时已经设定，并向投标人说明。系统自动按分配机制计算份额，并显示实时变化）。在紧张竞争的氛围下，你可以看到，有人会自乱阵脚，报出明显不恰当的低价，一心只想中标并成功签约。这就是高压状态下的非理性表现。

劣势谈判中非优势一方的心理压力如果来自对结果的担忧，那是正常的；如果来自过程中的不适，就可能被情绪操控了，需要注意。

所谓谈判中的"劣势"和"优势"，唯一的判断标准是"哪一方有底气先说'结束'"。有底气先放弃交易的那方，才是真正的优势方。因此，在谈判前设定好己方的底线，可以帮助你保持清醒的头脑，不会因为被紧张的气氛干扰而做出不利于自己的决定。你需要记住，你的目标是价值交换，如果对方的条件超越你方可承受的底线，那么即使成交，对你方来说也是没有意义的。因此，突破底线的成交不如不成交。

在上述设备采购的案例里，采购方的底线是什么呢？是投资回报。购买这套设备的动因是提高生产效率、降低劳动力成本和生产成本。我们可以通过投资回报率的计算，得出能够接受的最高价格。突破这个价格则意味着这笔投资不能产生应有的收益。明白了这一点，采购人员在谈判过程中才不会因为被"达成交易"

的压力所操控而做出非理性决定。

在信息收集过程中，找到可以支持你的力量

一般来说，我们会遇到四种不同的力量，可以用 MLHA 这个小工具来做归类和分析。以获利程度 / 受损程度和影响能力分别为横轴和纵轴（见图 4-1）。M 代表执行（Make it happen），也就是项目的对口业务人员。业务人员负责执行，因此对项目有一定影响，而项目成功与否和执行人员的利益相关度不高。L 代表无关（Let it happen），就是"与我无关"，这件事情的发生对他既没有较大的好处也没有什么损害，且在这个项目中，他的影响力有限。这类通常是项目的支持性团队。H 代表促成（Help it happen），意味着项目对他的正向利益较大，而且他对项目有较高的影响力，他有能力也有意愿促成这件事情的发生。A 代表反对（Against it happen），就是反对这个项目发生。这个角色的利益会因项目推进受到损害，或者没有获得期待的利益，并且他对项目有较强的影响力。此时，他是一股反对的力量。

对这四种不同力量背后的人，你需要知道：他们是谁，以及每一个人的真实诉求是什么？他们分别具有怎样的个性特征？他们之间的相互关系如何？一般而言，影响力是由组织中的职位决

定的，不容易改变。我们需要在收集信息的过程中，找到将 A 转
变为 H 的钥匙。

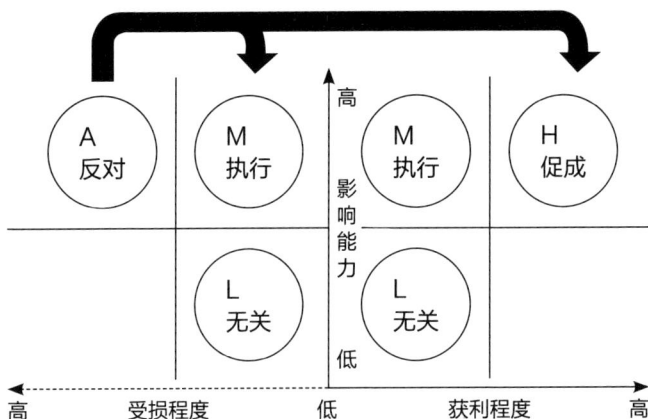

图 4-1　MLHA 示例

我曾经给一家知名跨国食品企业的年轻销售人员上过一堂课，
这堂课的目的是让销售人员了解他们的目标大客户——头部餐饮
企业是如何做采购决策的。这样的培训虽然只有 2 ~ 3 小时，但对
于销售新兵来说，却可以迅速厘清 MLHA 角色以及相互之间的关
系，找到项目推进过程中不同阶段的高风险节点，以及破解的方法。

决定是否采购一个产品，整个过程牵涉的主要部门包括研发、
市场、采购和品控。这几个部门在一项采购决策中究竟是 MLHA

中的哪一个角色，没有标准规定，通常是视情况而定的，一切都需要回到各部门的核心任务上。

对于一家成熟的大规模餐饮企业，成为它的新供应商一般只有两个途径。一是提供富有创意的、技术领先的、能够给客户企业带来明显竞争优势的新产品，比如风靡茶饮行业的厚椰乳、冰博克。二是从现有供应商的手中争夺份额。此时新供应商需要有明显的竞争优势，而更低的成本往往是最为显性的优势。

采购部是成本节省的第一责任人，他们往往不愿意错过任何一个成本低廉、服务优良、质量稳定的供应商，对于引进新供应商总是热衷的。而现有品类的供应商开发，会增加研发和品控部门的工作量。例如，研发需要花时间确认新供应商提供的产品口味和现有产品的差异是否在可接受范围内。品控需要对新供应商进行审核，建立档案。而多供应商的采购格局，也会增加品质出现异常波动的概率。这些都无法给研发部门和品控部门的核心工作任务带来直接的帮助。供应商数目的多少，对于市场部的核心工作任务没有直接影响，他们会更在意新概念、新技术的获取。而新技术会给品控部门的质量监控带来挑战。

以新产品的新供应商为例，研发部是第一责任人，角色是 M，是新品项目的执行人。市场部的角色是 H，新品上市可以带来更多的新鲜感，吸引顾客走进店铺，增加销售量，甚至开辟新的市场份额，这些都会给市场部的核心任务带来直接的正面影响。

采购部如果对自己的使命有正确的定义，那么在新产品新供应商项目中的角色应该是 H，积极促使事情的发生。品控的角色是 L，并不需要特别积极，但不会反对，除非新产品的技术不够成熟，隐藏食品安全风险。常见的有新资源食品使用许可问题、门店操作合规问题、物流过程中的产品保护问题等。如果风险较高，那么品控会转变为 A——反对的力量。此外，如果在门店端的产品操作过于复杂，也会遭到运营部门的反对（A），即使上市决定不可逆转，这样的产品也会因为在门店不受店员欢迎而出现销售疲软。

想要得到客户的订单，以上各个环节的 MLAH 角色的核心诉求都必须得到满足，这虽然是一个供应商如何获得餐饮客户订单的例子，但也适用于采购谈判，采购方不一定始终是强势的一方，有时也会面临谈判劣势。

此外，找到对这四种力量有重大影响力的人，是至关重要的。职业经理人在做决策时会倾向于优先保护自己的职务安全，而不能总是站在企业全局考虑，做出最有利于企业的决策。此时，找到影响能力更强的人来参与决策，对这四种力量是一个有力的平衡。有时候我们会将"找上级"视作对具体负责人员的轻视，因而对矛盾上交心存顾虑。你需要确认的一点是，反对者（A）的反对理由是出于职务安全还是企业利益，如果是前者，那么在与反对者（A）坦诚沟通的前提下，找到影响力更大的人来参与，并不会引发人际关系紧张。

用双赢的心态和创新的方法去解决问题

关于双赢思维，前文已经叙述，这里再补充一个案例，帮助大家理解。

案例 4-2
意大利军队的冻肉供应商

有一位意大利商人，他非常想成为军队的冻肉供应商。但是他并没有过硬的经商背景，也没有背景强大的引荐人。他知道，想要成为如此大规模部队的主要食品供应商并非易事，除非自己能给出十分吸引人的供货方案，不然根本不会被列入考虑名单。商人清楚地知道自己没有其他优势，唯一的办法是给出一个超出所有人预期的低价。于是，他以低于现价50%为目标，倒逼自己去寻找解决方案。他发现，军队驻扎的地方较为偏远，运输成本高昂。为了节省费用，军队将一年的使用量一次性下单，一次性运输到驻地附近的大型冻库进行储存。而军队有时会奉命迁徙至其他地方，这就要求军队想办法把冻肉运到新的驻地，并且在新的驻地租用甚至建造冻库。这对军队来说是一个很大的麻烦。商人想到了一个办法：他租用了配备冷冻设施的货船，将全部冻肉通过冷冻船运输到指定码头，并且停靠在码头上。军队需要时可以随时取用。开拔时冷冻船只需跟着走，停靠到下一个码头。这样就为军队节省了大笔的冷冻仓储费用。商人最终成功拿下了这笔巨额订单。

这个故事告诉我们，一个好的想法可以让双方都获得巨大的收益。

回到上文的案例4-1。

采购方计划购买两台这样的设备，经过 ROI 分析，能够接受的价格为供应商报价的 83%。经过多次讨论和反复协商，双方清晰确认各自的核心诉求：卖方希望尽快回收研发投入成本，而买方则希望设备投资额能够符合投资回报分析。

最后双方达成协议：①双方订立一份三年协议；②供应商按报价提供设备，采购方只需支付 80% 的费用即可开始使用设备；

③在三年合约期内，供应商每一年向采购方支付返利，而采购方需要向供应商提供使用反馈，把真实的数据，即劳动力成本节省的真实数据反馈给供应商。

三年之后，扣除返利后的采购价格相当于报价的 60%。对于采购方来说，节省了 40% 的采购成本；对供应商来说，成功实现了新技术的落地应用，在期望的时间里回收了研发成本，同时积累了用户的使用数据，用第一个用户的实际数据作为背书，获取新的用户。

这就是我们讲的"第三方案"——突破现有框架，让双方都获得更大益处的创新方案。

在谈判过程中，双方可以透明地交换信息是基于两个基本前提：一是双方有最基本的信任，二是双方的利益一致。在商场上，讲道理是没有用的，一个优秀的采购人员，首先要做到的就是把自己的利益和供应商的利益协调一致，把供应商当作利益一致的商业伙伴，而不是谈判桌另一边的对手。

总结一下，劣势谈判有四个步骤：充分收集信息；积极的心理建设；找到支持的力量；用双赢的、创新的想法让双方都获得更大的利益。

本
章

≡ **重点** ⊕

提
要

1. 谈判技巧并非完全无用，但相比谈判前的准备工作，技巧本身不是关键要素。进行充分、全面、详尽的事前调查和分析与拥有双赢思维，是获得最优谈判结果的两个法宝。查理·芒格说，如果你想要说服别人，要诉诸利益。

2. 要与供应商交朋友。你首先要将自己放在和供应商平等的地位。人们普遍认为采购方是强势的一方，是甲方，但我的从业经历告诉我并非如此。

我曾在一家外贸公司担任外销员，我们销售的大白兔奶糖和巧克力都是抢手货源。这证明了在交易中，卖方有时也可以占据主动地位，关键在于谁有能力主导谈判。

在交易中，决定优势地位的不是买或卖，而是谁有勇气说"不"。

3. 我们应该以平等和尊重的态度对待他人。我将"把人当人看"作为自己的名言。当我说这句话时，有些人会感到恼怒，因为他们觉得"自己怎么可能不把别人当人看，这是对我的诋毁和侮辱"。但如果我继续追问：排队买东西的时候，你看到你朋友来晚了排在你后面的队伍里，你会不会招呼他越过他之前的所有人，站到你这里？大部分人都沉默了。

4. 在我们的生活中，把人当人看是一种基本的尊重和关怀。这意味着我们需要将对方视为与自己同样重要、同样珍贵的人。当我们对待他人时，如果我们能够将心比心，设身处地地考虑对方的感受和需求，那么我们就会更加理解和尊重他人。

5. 在我们的认知中，有时候会认为在组织中担任某个职务或角色就意味着拥有某种特权。这种观念在甲方和乙方之间的关系中也很常见，有些人认为，以自己的地位或角色，自己本应该享有某些特殊待遇。

然而，这种特权文化并不值得我们倡导。在交易过程中，我们应该把供应商当作合作伙伴，而不是对手。如果我们把供应商当作同一阵线的伙伴，就不会出现故意拖欠货款、在合同签订后无限制追加新的交易条件等不公平行为。

相反，我们应该尊重供应商的权利和利益，建立互信互利的关系。在交易中，我们应该主动支付相应的对价，而不是依赖自己的地位或角色来获取不正当的利益。

第五章

执行

缔约、履约、决策和组织

缔约

电视剧《繁花》中有一个情节：汪小姐为了从宝总手里抢到沃尔玛的牛仔裤订单，报了一个非常低的供货价格，这个价格低到连她的师父，当时外贸公司的金科长都认为是不可能盈利的，且供货风险极大。汪小姐却提出：虽然价格低，但只要能够以美元来结算货款，自己还是有获取微利的可能性的。由于汇率制度改革，人民币兑美元大幅贬值，汪小姐赢了。虽然宏观调控下汇率的大幅变动不是汪小姐能够预料的，这只是编剧的"金手指"剧情，但是在实际的国际贸易中，用汇率差来获得更好的交易结果，确实是一种常用的方法。尽管在国内贸易中，我们很少用到外汇结算，但是我们仍旧可以参考这个思路，在价格以外，寻求利润空间。

结合对外贸易事务的经验，我总结了以下几种方法。

变换结算货币

一般我们都是使用本币，即人民币，来结算货款。随着越来越多的餐饮企业布局海外、打通国内国外市场，原料和设备的进出口需求也越来越大。一旦交易跨越国境，就牵涉选择以何种货币作为交易结算货币的问题。

选择结算货币通常有两重考虑：一是防避汇率风险；二是获取额外收益。

外汇市场波谲云诡，哪怕是水平再高的外销员、国际金融专家、经济学家，也无法预测精准。一般我们会选择币值稳定的货币，也就是俗称的强势货币来结算，比如美元。另一个选择是使用本币，对我们来说就是以人民币进行结算，好处在于规避了外汇波动的风险，但同时也放弃了外汇收入。

在汪小姐那个年代，外贸公司是有创汇指标的，也就是说，每年收入多少外汇是"金花"们的主要关键绩效指标（KPI）之一。对外贸易专业的学生有一门必修课——国际金融，其中提到了一个工具——"海琴"，本书的成本管理章节也有提及。套期保值可用于大宗商品成本管理，也适用于换汇成本固定，是防避外贸交易中汇率风险的常用手段，特别是在外汇市场出现波动、远期汇率难以预测的时候。

在防避风险之上，也有像汪小姐那样预测将来汇率差的变动，获取额外收益的做法。当然，这样的操作需要好的时机。当年国家对外贸进行大刀阔斧的改革，站在风口浪尖上的外贸从业者嗅觉相对更敏锐，预测到汇率贬值是大概率事件，硬是从风险中抢到了利润。需要警惕的是，汇率波动不以任何人的意志为转移，一方面是市场的无形之手在推动，另一方面也和国家政策、国际关系以及地缘政治有着密切的关系。判断失误往往意味着巨额亏损，需要谨慎对待。

确定价格条件

价格条件指的是，价格所包含的商品和服务内容，以及该商品/服务的交货地点、承保义务和风险交割点。在国际贸易中，所有人都使用《国际贸易术语解释通则》（INCOTERMS，简称《通则》），这是一种通用的国际贸易语言，由国际商会颁布，每10年更新一次，全球通用。通则详细、明确地规定了不同价格条件下买方与卖方各自的职责、风险和义务。

最新的 2020 版《通则》有 11 条术语。国内贸易中的运输形式、运输过程、保险手续没有那么复杂，我不建议使用 FOB（离岸价格）之类的外贸术语来替代国内贸易的价格条件，更推荐在合同或报价单中用中文简洁、清晰地描述价格条件。以下是 3 种常用的价格条件描述的方法。

（1）出厂价：价格只包含商品本身的售价；卖方不负责运输，买方需要到卖方指定的地点自行提货；货损货差的风险自产品转交到买方手中的时刻转移到买方。买方需要在交接货物的时候对货物进行清点和验收，比照双方确认的质量标准，判定货物数量是否正确、质量是否合格，并决定是否接受这批货物。在提货点验收完成后发生的货损货差，运输途中货物灭失、损坏的风险均由买方负责。需要提醒各位采购人员的是，出厂价和到货价之间并非只是运输费用的差异。如果你想自己负责提货、运输，那么在合同中需要对质量检查和风险转移等事项做好约定。

（2）到货价：价格包含将货物送到买方指定地点的运输费用，买方在接收货物的时候进行产品入库前的检查。对于入库检查中就能发现的产品瑕疵，比如数量短缺、外观缺损等，必须当场提出并记录。一旦产品入库，货损货差的风险就从卖方转移到买方。对于一些隐藏的、需要通过专业检测手段才能发现的质量问题，比如细菌、重金属含量等，可以约定在收货之后的一段时间内（考虑到入库流程、检测报告出具所需的时长，合理的时间为两周左右），买方仍然有权利向卖方提出异议并索赔。

（3）包含售后服务的价格：制定设备类、工程类的采购价格时，通常还要考虑售后服务、约定免费维修保养的年限及服务范围，以及耗材和零配件的价格与更换方案。仔细审核、比较这部分的价格是非常重要的，这也是供应商常常隐藏利润的地方。

确定付款方式和账期

付款方式牵涉供应商何时能够收回货款，是影响供应商收益的重要因素。为了规避收不到货款的风险，国际贸易中一般以银行为中介，通过信用证这种工具，保障卖方的收款权利。20 世纪90 年代，中国经济一片繁荣，乡镇企业、民营企业、外资企业、国有外贸企业齐齐入场淘金。在活跃交易的同时，也滋生了非常严重的"三角债"问题。企业之间相互拖欠货款，严重威胁了企业现金流，影响了正常的经营活动。

当时我写过一篇论文，探讨国际贸易信用证在国内贸易中的应用，期望对解决"三角债"有所帮助。导师虽然认为我是比较有想法的，却没有给我的论文打出高分，他认为我的论文并没有研究和找出切实可行的操作，只是一篇纯探讨类型的文章。

在当下的交易环境中，三角债问题似乎没有 30 多年前那么严重，但买方拖欠卖方货款的情形仍然非常普遍，有的餐饮企业甚至要求长达 4 ~ 6 个月的账期。餐饮企业的老板普遍认为账期越长越好，其实不然。供应商在计算报价时会把账期的资金成本计入报价中。有些产品技术有优势、不愁买家的供应商，更是会拒绝账期超长的合约，避免收款风险。于买方而言，失去了一个技术领先的合作伙伴，反而得不偿失。

恰当的账期是对合约双方的保护和对合作关系的尊重。如果企业流动性良好，不妨给予供应商更短的账期，换取更优的采购价格，吸引更有竞争力的合作方。如果企业本身的现金流不充裕，与其拖欠货款，不如借用供应链金融工具，帮助买卖双方平衡流动性和货款风险。

关注税率

增值税是交易中最主要的税种。我们国家的增值税在经过几轮下调之后，目前已处于比较低的水平。对于部分农副产品、某些特定地区，国家还给予了零增值税的优惠政策。采购人员选择有增值税优惠条件的区域和供应商，能够获得价格上的优势。

对于有产品进口需求的企业来说，报关时的关税编码归类是一项重要的技术活。合理的归类，可能会带来数倍的税额差异。

以咖啡豆为例，生咖啡豆的进口税率为 8%，熟咖啡豆的进口税率则为 15%，东盟部分国家可享受零关税。因此，直接进口生咖啡豆并在门店烘焙的方式，节省的不仅是建造咖啡豆烘焙工厂的成本，还有接近 1 倍的进口关税。

关税核定的关键是海关统一协调码（HS 编码）归类。HS 编码对商品的原料构成、加工工艺和成品特性做了简要但清晰的描述。采购人员应熟练掌握 HS 编码规定，并和卖方协同，使拟进口商品的成分和工艺符合同一大科目下较低税率的类别。

调整最小起订量（MOQ）

供应商会对每一次送货的数量设定最小起订量，买方的订货数量最少不得低于这个数字。最小起订量牵涉到供应商的生产成本和物流效率，因此对采购价格有比较大的影响。一方面，采购方希望能够尽可能地降低单批次采购的数量，以避免库存积压；另一方面，供应商希望每一批次的订货数量要尽可能多，以降低生产成本和提高物流效率。采购人员需要平衡好起订数量和采购价格之间的矛盾。最小起订量的合理数值并没有一定之规，核心要点是采购人员知晓并理解最小起订量对于采购成本的影响，在恰当的时候利用最小起订量获取采购价格之外的降本机会。

调整交货期

很多餐饮企业的老板都对交货期缺乏认识，常常对交货期提出不切实际的要求：今天下单，要求明天就到货。更令人崩溃的是，老板们在定制货物的过程中经常改变想法，随时会下达新的指令。这种频繁的改变是对供货前置期的进一步压缩。缺乏计划性的采购对采购成本和产品质量是一个威胁。供应商需要有较合理的交货期，以便安排生产计划、采买原料、出厂前对货物进行必要的检验。订单的突然增加或者改变，会迫使供应商启动紧急采购，增加原料采购成本。而被打乱的生产计划也会影响供应商的生产管理、人员安排，进而影响供货价格和交付质量。因此，设定合理的交货周期，在买方这一侧做好订货安排，是有助于进一步优化采购成本的一个抓手。尤其是初创企业、品牌创始人，需要知晓和理解交货期对采购价格与产品质量的重要性。

根据以上内容，我认为一张合格的报价单必须包括几点：产品名称、产品型号、包装规格、数量、产品单价、价格条件、结算货币、发货方式、付款方式、报价有效期、品质保证、交货周期、报价人及联系方式（见表 5-1）。

表 5-1　报价单示例

产品报价单

供应商：××（中国）科技有限公司
报价日期：20××年×月××日
公司地址：上海市××区××大厦×栋×室
联系电话：021-12345678
报价人：汪小姐
传真：021-12345678

一、产品报价表

序号	产品名称	产品型号	包装规格	数量	产品单价（元）	合计金额（元）
1	产品1	XS-01	件	2	200	400
2	产品2	XS-09	件	2	500	1000
1. 以上报价为含税价，税率为15%增值税 2. 报价有效期为15天 3. 如对此报价单有疑问，请联系：021-12345678				小计（元）		1400
				税率		15%
				销售税（元）		210
				合计（元）		1610

二、交货周期: 签订合同后一周内

三、发货方式: 送货上门

四、付款方式: 现金或银行汇款

五、品质保证: ××（中国）科技有限公司承诺并保证所供货物符合国家行业标准和企业标准。

第二节

履约争议

　　无论多大规模的企业，哪怕是财力薄弱的初创企业，在订立合约的时候都会聘请专业的法务人员或者律师来起草及审核合同。

　　即便只是口头协议，没有书面合同，合同法、国际商法也已经对缔约各方的权利和义务做了比较详尽的规定。

　　我国自 2021 年 1 月 1 日开始实施《中华人民共和国民法典》（以下简称《民法典》）后，《民法典》合同编替代合同法，成为约束交易双方行为的最重要的法律条款。在发生争议的时候，即使合同约定不详，或没有约定，仍可以根据《民法典》相关规定进行裁定。用一句话来概括，即"有约定从约定，无约定从法定"。

《民法典》第五百一十一条规定：当事人就有关合同内容约定不明确，依据前条规定仍不能确定的，适用下列规定：

（一）质量要求不明确的，按照强制性国家标准履行；没有强制性国家标准的，按照推荐性国家标准履行；没有推荐性国家标准的，按照行业标准履行；没有国家标准、行业标准的，按照通常标准或者符合合同目的的特定标准履行。

（二）价款或者报酬不明确的，按照订立合同时履行地的市场价格履行；依法应当执行政府定价或者政府指导价的，依照规定履行。

（三）履行地点不明确，给付货币的，在接受货币一方所在地履行；交付不动产的，在不动产所在地履行；其他标的，在履行义务一方所在地履行。

（四）履行期限不明确的，债务人可以随时履行，债权人也可以随时请求履行，但是应当给对方必要的准备时间。

（五）履行方式不明确的，按照有利于实现合同目的的方式履行。

（六）履行费用的负担不明确的，由履行义务一方负担；因债权人原因增加的履行费用，由债权人负担。

《民法典》第五百一十三条规定：执行政府定价或者政府指导价的，在合同约定的交付期限内政府价格调整时，按照交付时的价格计价。逾期交付标的物的，遇价格上涨时，按照原价格执行；价格下降时，按照新价格执行。逾期提取标的物或者逾期付款的，遇价格上涨时，按照新价格执行；价格下降时，按照原价格执行。

　　尽管采购人员没有必要对合同的一般条款花费过多的时间和精力，但我认为，有一些问题仍需要格外关注。

　　在餐饮供应链中，比较容易发生争议的是产品质量部分，尤其是农副产品、手工制作比重高的食品以及手工艺品等。这些产品的质量标准无法做到完全量化。以苹果为例，其质量验收标准大致包括果实大小、糖度、色泽、成熟程度、风味、气味、虫斑等内容。其中，果实大小可以用果子直径范围来量化描述；糖度可以用糖度数值来描述，验收时可以抽检，用糖度仪来测量，以确定是否达到标准范围，而风味、气味等则需要靠主观判断，无法量化。手工制作比重较高的食品，以裱花蛋糕为例，验收标准除了客观的重量、直径，也存在色泽、气味、风味、外形美观等主观的指标。而争议高发的地方，就是这些非客观标准。解决这类问题的核心是，事先为非客观标准确定一个容易测量的标准。

能量化的尽量量化

随着质量验收工具的多样化和丰富化，可以量化的指标变得越来越多了。比如潘通色卡，这是一种国际通用的颜色标准，常用于时尚美妆行业，可以起到"让全世界人民用同一种语言描述颜色"的作用，大大降低了颜色沟通方面的成本。色卡不仅可以用于水果验收，也可以用于蔬菜验收。肯德基餐厅对炸鸡的色泽把控也是用类似色卡的方法——拍摄 5 张不同烹炸程度的鸡块照片，分别是：过浅（不可接受）、偏浅（可接受）、适中、偏深（可接受）、过深（不可接受）。将照片置于油炸工作站的墙面上，方便随时对比检查。我在小南国餐饮集团工作时，质量保证总监为本地青菜在不同季节呈现的绿色设定了不同的色值范围。如果同行中已经没有可以学习的对象了，那么就试试向其他行业寻找可借鉴的方法。

对于实在无法量化的指标，着重对"成因"进行固定。例如，苹果的酸甜风味因苹果的品种、产地而异，那么验收标准就应该明确品种和产地，必要时可以要求卖方提供相关证明。对于手工制作比重高的产品，外观比较容易出现质量偏差，因此，对于产品外观的文字描述应该做到尽量详尽，此外可以拍摄多角度的样品照片（俯视图、仰视图、正面照、侧面照）。同样，我们可以对外观的成因进行固定，例如在验收标准中附上工艺描述，在发生质量偏差的时候容易追根溯源，找到偏差的原因。

地理标志也是解决质量偏差的方法之一。产地以及当地劳动力的作业习惯和作业水平，也是影响产品品质的成因。例如，即便用同一种方法处理咖啡豆，不同地区出产的咖啡豆风味也有不小的差异。因此，咖啡豆通常都是以国家、地区、庄园来命名，以代表风味特征。地理标志可以代表土壤、气候、作业水平等一系列可能影响产品风味的因素。

对于无法量化的指标，用"封样比对"的方式进行固定。这是最常用的方式，在采购缺乏更科学、更精准的工具时，被广泛使用。

服务类合同的交付成果（时间、数量、质量）也是比较容易出现争议的地方。服务类合同的交付，比如顾问合同、清洁合同、软件开发合同等，经常会出现甲方对乙方的交付成果不满意而产生争议的情况。由于交付的是无形产品，所以不容易客观衡量。同样，我们采用"尽量量化"的策略来描述服务项目的质量要求。所不同的是，有形产品的量化质量标准主要针对产品（交付成果）本身，而无形产品的量化质量标准则偏重于对过程的量化和建立工作说明书。以顾问合同为例，我们可以：

• 对服务时长进行量化；

• 对顾问的资质进行固定，比如指定某位顾问、指定顾问的
  从业年限、指定顾问的资质水平；

• 指定合约中的某项工作必须由何等资质的顾问完成；

• 在合同执行过程中留下工作进展的书面记录。

这些都是日后双方产生争议时的判断依据。

比减少争议更重要的是，确保服务合同的交付成果满足甲方
的预期。因此，在服务合同执行过程中，采购人员必须组织双方
的技术部门和己方的使用部门进行紧密的沟通，及时校正执行过
程中出现的偏差。如果甲方对服务提供方的交付不满意，应该与
服务提供方及时、直接、坦诚地交换意见，必要时终止合同，避
免损失扩大。

交货方式

交货方式是国内贸易合同中比较容易被忽略的地方。交货方
式应包含交易地点的指定、运输方式的规定、交货时间的约定。

明确双方交货的细节，可以减少交货延误和争议的风险。国际贸易中，《通则》明确规定了不同价格术语下所包含的费用及货物风险转移点。

国内贸易法规中类似的参照不多，我国《民法典》第六百零四条规定：标的物毁损、灭失的风险，在标的物交付之前由出卖人承担，交付之后由买受人承担，但是法律另有规定或者当事人另有约定的除外。第六百零六条规定：出卖人出卖交由承运人运输的在途标的物，除当事人另有约定外，毁损、灭失的风险自合同成立时起由买受人承担。据此，买方（采购方）有必要明确约定交货方式，并就货物灭失风险的转移做出具体约定，以避免损失。

违约责任

采购合同中还有一处容易被忽视，即违约责任和违约金的约定。由于延迟履约的违约行为较为常见，因而关于延迟履约的违约责任的约定也就格外重要。就像结婚时很少有人想着为离婚做准备一样，签约时在违约责任上讨论过多似乎显得不合时宜。正是这样的心态，有时会带来意想不到的麻烦。

《民法典》第五百八十五条规定：当事人可以约定一方违约时应当根据违约情况向对方支付一定数额的违约金，也可以约定因违约产生的损失赔偿额的计算方法。

约定的违约金低于造成的损失的，人民法院或者仲裁机构可以根据当事人的请求予以增加；约定的违约金过分高于造成的损失的，人民法院或者仲裁机构可以根据当事人的请求予以适当减少。

当事人就迟延履行约定违约金的，违约方支付违约金后，还应当履行债务。

《民法典》第五百八十六条规定：当事人可以约定一方向对方给付定金作为债权的担保。定金合同自实际交付定金时成立。

定金的数额由当事人约定；但是，不得超过主合同标的额的百分之二十，超过部分不产生定金的效力。实际交付的定金数额多于或者少于约定数额的，视为变更约定的定金数额。

无论是用违约金还是定金的方式固定违约责任，都需要遵从恰当性原则，过低的违约成本不利于自我保护，而过高的违约金约定也并不一定能得到法律的支持。

第三节

采购流程

只要门店数量大于一家，我们就需要"流程"来协助工作。流程的管控程度应该因地制宜，确保让流程成为企业发展的推动力量，而不是制约力量。

我在加入星巴克之前经历了长达 10 个月的面试过程。在这个过程中，我至少见了 4 位首席级别的高管。所有高管都对我强调了同一件事情：星巴克不是一家流程导向的公司。

当时我非常好奇，一家不那么重视流程的公司是怎么成为全球万店规模的连锁巨头的？又是如何保证产品标准化和快速复制的呢？来自百胜中国的我，带着很强的"肯德基基因"，12 年学到的就是标准化、快速复制这一套标准打法。当时我其实还有点不相信高管们的说法。加入之后，我发现星巴克确实不是一家流程导向的公司，即便是在供应链这样高度工程化和标准化的团队中，流程也不是那么严丝合缝的。

那么，为什么星巴克不严格强调流程，仍然能够取得如此成功呢？

要回答这个问题，首先需要厘清流程的目的。我认为流程的目的主要有三个。

第一，标准化——规范行为和业务操作，减少人为造成的偏差。比如，什么能做、什么不能做，为什么做，谁来做，什么时候做，每一步骤的输入和输出是什么。大家主动对号入座，让行为偏差减少到最小，即便是一个加入公司不久的新人，也能在这个流程的指导下做到及格甚至良好，即使出现偏差，团队也能在操作标准中找到纠偏的方法和步骤，以及如何验证纠偏效果的办法。

第二，高效率——统一组织内的语言，降低沟通成本。语言是特定范围内一群人的共识，不同语境下会有不同的解释。例如，"苹果"是指一种接近球形的水果，味道甘甜略酸，口感有的脆爽有的绵软。"苹果"可以不叫"苹果"，只有当一群人都认同这种东西叫"苹果"时，它才叫"苹果"。如果群体内的人都认同这种东西叫"螃蟹"，那么这种东西就叫"螃蟹"。此外，"苹果"可以指某种水果，也可以指苹果公司的智能手机。为了让共识更聚焦，更反映本企业的特点，特定群体内的人需要有同样的语言。例如，在阿里发明的"互联网黑话"中，"抓手"是指"切入点"和达成目标的主要手段；"人货场"是指消费者、产品和渠道；GMV 是指销售订单成交总额等。当一群人使用同一种系统内部的语言时，系统内部成员会更容易达成共识，提高沟通效率。

第三，提高决策质量。在 MBA 教材中，企业管理的语境下，流程通常是指"将业务流程划分为多个环节，每个环节由不同的部门或人员负责执行，并在这些环节之间建立协调机制，以实现业务目标的管理方式"。在实际工作中，流程更多是指管理方式，而非一系列动作。例如委员会制度下的决策流程，就是典型的决策管理方式。委员会制度确保在同一时间听到对于某项决策的不同声音、不同意见，通过沟通、辩论之后，最终得出既有利于业务目标又符合现实条件、既符合当下需求又保证长期利益的高质量决定。通过公开透明的意见表达，形成统一的行动方案，可以杜绝利益相关方独自决策，防范违背职业操守的行为发生。

流程并非刻板地追求统一和规范，更高级的流程往往有更大的弹性和个人表达空间。星巴克是一家关注"人"的公司，在追求效率和充分尊重个人主张与表达之间，它选择损失一定的效率，坚持人文情怀。这种坚持并非只有人文价值，它往往还会促进伙伴的自我激励，提升创造力。

流媒体公司奈飞（Netflix）是个性化的极致代表，它是一家完全不用流程来管理员工的企业。奈飞于 2002 年上市，2019 年该公司拍摄的电影《罗马》荣获三项奥斯卡奖，全球订阅量显著增长，股价大幅上涨。这家公司的员工可以自行决定项目预算、差旅标准，公司不设休假制度，员工只要能安排好工作就可以不来上班……这些听起来匪夷所思，完全颠覆了我们的管理常识。奈飞 CEO 里德·哈斯廷斯（Reed Hastings）和管理学教授艾琳·迈耶（Erin Meyer）合作出版了《不拘一格》（*No Rules Rules: Netflix and the Culture of Reinvention*）一书，解密奈飞的管理哲学。

奈飞的"无为而治"主要包含三方面内容：①极高的人才密度；②坦诚透明的沟通；③极度减少管控。

奈飞愿意为员工付出市场最高的薪水，鼓励员工和猎头接洽，了解薪资行情。对于表现仅合格的员工，奈飞将解雇，而只留下最优秀的员工。奈飞认为，一个最优秀员工的产出是合格员工的 10 倍甚至数十倍，为最优秀员工支付显著高于市场平均水平的价格是值得的。合格但平庸的员工不但会增加管理者的负担，消耗管理资源，也会影响其他员工的士气，不能留用。

最优秀的人才不但能够自我管理，还更容易接纳不同意见。奈飞的 CEO 和 COO（首席运营官）们在与员工讨论问题时，随时会被指出错误之处，高管们都珍惜并感谢这样的反馈。这在奈飞内部已经形成文化。

在以上两项的基础上，尽可能减少管控，让最优秀的人发挥最大的主动性，创造出一个又一个带来 10 倍、100 倍业绩增长的作品。

从奈飞的案例中，我们不难得到启发：对于需要丰富创造力的工作，激发主动性比规范行为要有效得多。大部分企业的工作内容，既有需要想象力和创造力的部分，也有需要严格执行、杜绝个性化发挥的部分，餐饮业如此，餐饮供应链也如此。组织需要什么样的流程，何时使用流程，流程管控力度如何，是没有一定之规的，必须因地制宜，即在效率和创造力之间寻求最适宜的平衡。

常用的采购流程

1. 采购价格决策流程

价格决策流程的意义在于确保拟定的采购价格无限接近当前可

获得的最优商务条件。商务条件包含价格、付款方式、数量、服务范围等。

采购价格决策流程的关键点包括以下 3 点。

（1）被邀请报价的供应商资质、规模、质量水平、业界口碑等是否在我方要求之上，我们必须确保所有的报价都是有意义的，杜绝"陪跑"报价。

（2）采购价格评估是建立在详尽的成本分析和市场行情调研基础上的。

（3）设定价格审批权限，确保大额采购的价格由内部最有相关知识的人员批准。

2. 订单审批流程

订单规定了采购的数量和入库的时间。流程关键点包括以下 3 点。

（1）订单必须有合同作为依据。

（2）订单数量必须有合理的支持理由，比如月度用量、库存策略、销售预估、营销计划等。

（3）订单数量必须有复核，避免出现差错。

3. 供应商准入流程

需要有增加 / 替换此供应商的理由陈述，增加 / 替换该供应商后对供应结构的影响及应对方案（如需要），需要质量和 / 或食品安全部门的意见，需要新供应商的评估标准和准入标准。

三权分立

10 多年前，我曾经提出采购供应链"三权分立"的观点。灵感来自孟德斯鸠的立法、行政、司法三权分立，三权之间相互制约。

供应链中的 A（"买什么"）、B（"向谁买，以什么交易条件买"），以及 C（"何时买，买多少"），这三种权力分属于使用部门、采购部门和供应计划部门。这样形成相互协作又相互监督的格局，避免出现职业操守问题，从而影响和损害公司利益。这个设计在 10 多年前还是有必要的，当时大多数餐饮企业的采购工作是由老板的亲戚或者主厨负责的。拿回扣、限制新供应商进入、不公平对待供应商等是非常普遍的现象。很多餐饮老板希望改变，但又碍于亲戚朋友的脸面，没有彻底变革的决心。直到今天，这个问题也没有完全消除。

随着互联网技术的发展，信息差日渐消弭，采购人员暗箱操作、中饱私囊的难度也越来越大。我们可以通过浏览各种不同的行业网站（比如禽报网、卓创资讯、富农网等）获取农副产品信息，网站每日会公布各地的农产品价格。很多服务 B 端的商家在天猫也设立了自己的旗舰店，产品的价格都是公开和透明的。AI 技术在垂直领域的应用，让信息的搜索变得更加方便，特别是垂直类别的服务软件，已经能够提供"魔镜功能"。餐饮供应链"魔镜"AI 助手可以告诉你，某一个 SKU 的采购价格在上万家同行中的排序，采购团队的组织能力与同行相比处于何种水平，供应结构是否有优化空间……这些问题都能够做到"一键见分晓"。

目前 AI 的应用仅仅开了个头，后续将会有更多的功能上线，进一步弥合信息差。企业很容易在数据库中找到对标的信息，采购人员的贪腐也很难不被发现。

所以，我的观点是，采购流程的设定已经从之前的"防腐败"，转变到"提效率"上了。也就是说，采购流程涉及供应链组织如何能够在更短的时间内，找到更匹配的供应商；在更短的时间内，获得更低的采购成本；在更短的时间内或早于竞争对手，获得新产品、新技术的应用信息。这些才是采购流程需要推动的。我们可以通过 AI 系统，极大地简化采购人员的工作，同时可以把省出来的人力花在跟供应商建立良好的协作关系等更有价值的事情上。

第四节

供应链决策

供应链中有三个"大决策"——"外包"还是"自建","分散"还是"集中","单一供应商"还是"多个供应商"。这些也是我经常会被问到的问题。其实，针对这三个问题有一个统一的标准答案，那就是"视情况而定，一切都要看投资回报率"。

"外包"还是"自建"是指，向外部采购某种服务或产品，还是自己建立该服务或产品的生产能力之间的选择。例如，面包烘焙连锁品牌的供应链可以自建工厂，服务于下属门店；也可以向外部供应商采购成品或者半成品，用于门店销售。这不是一个对或错的问题。任何一个选择首先要回到"供应链的目标"上。本书在第二章中讲述了如何确定供应链的目标。供应链部门必须服从企业目标，并将供应链各项目标的最佳平衡点落在能够给企业总体目标提供最优支持上。假设这个面包烘焙连锁品牌以技术见长，主打"专业形象"，那么无论供应商供货模式的低成本多么具有吸引力，恐怕都不是合适的选择。只有能够彰显品牌形象的供应链方案才是可能的方案。在满足品牌核心需求的前提下，再考虑外包和自建的不同选择，得到"成本""供应""创新""质量"这四个基本面的得分，进而找到实现最佳平衡的那个选项。

"集中"供应链还是"分散"供应链，也是以投资回报率为决策依据的。单一供应商或者多个供应商，也需基于供应风险和供应成本之间的平衡关系进行决策。

看起来非常简单的决策逻辑，我们之所以会觉得非常困难，原因主要有两个。

一个原因是没有充分掌握决策所需的信息和数据，对相关行业今后的市场供求情况、技术上的发展趋势感到不确定，以至于不敢判断。

另一个原因则是个人偏好。人总是对自己熟悉的方式感到特别热衷，而在做数据分析的时候出现"选择性倾听"和"选择性相信"，最终令数据分析失真，进而影响决策的合理性。这是人性使然，除了提升个人修为没有什么好办法。但是，我们仍然有一个简单的办法可以验证决策的合理性，对自己的"选择性相信"提出警告。那就是，看决策的选择方向是否符合大概率事件。

任何决策都不可能百分百准确，我们要选择的是符合技术发展规律的、符合社会文明发展方向的大概率事件。在互联网技术的推动下，信息传递、物流、能源迅速往去中心化的方向发展。信息传输的速度已经可以令远隔万里的人即时通话，手机屏幕里的人可以同时拥有几个不同的身份，每个人（身份）都有机会被看见，成为网络红人，人们没有公司也能创业成功。物流的速度不仅更快，而且渗透到了城市的毛细血管，从一个节点扩散成网络，再裂变成新的网络，无限通达。新能源的广泛应用，使能源可以实现个人生产——每家每户都可以将剩余的太阳能电力供应给公共电网，成为"产消合一者"。网络状和去中心化的供应链模式是正在发生的大概率事件。网络状的供应链结构要求高度敏捷的互联和协同，因此多供应商策略是符合大概率事件概念的。

关于"大概率"，我们在第六章中将更详细地讲述。

第五节

合规与企业社会责任

　　企业社会责任、劳工保护，以及环境安全和保护，在过去20年一直是世界上很多国家十分关注的内容。现在，越来越多的中国企业也在关注并践行社会责任条例。国家也相继出台了包括《中华人民共和国环境保护法》在内的诸多法律法规，来规范和引导企业的行为。相信随着对劳工权益和环境保护的重视程度与管理水平的日益提高，供应链对供应商侧的合规要求与对企业社会责任的要求也会逐步提高。社会责任国际标准 SA8000 是众多限制性规则中相对容易理解的一款规则。如果企业希望在供应链侧对合规与社会责任进行要求的话，可以参考 SA8000 的核心内容。

SA8000 的核心内容

1. 有关核心劳工标准

（1）童工。公司不应使用或者支持使用童工，应与其他人员或利益团体采取必要的措施确保儿童和应受当地义务教育的青少年的教育，不得将其置于不安全或不健康的工作环境和条件下。

（2）强迫性劳动。公司不得使用或支持使用强迫性劳动，也不得要求员工在受雇起始时交纳"押金"或寄存身份证件。

（3）自由权。公司应尊重所有员工结社自由和集体谈判权。

（4）歧视。公司不得因种族、社会阶层、国籍、宗教、残疾、性别、性取向、工会会员或政治归属等而对员工在聘用、报酬、训练、升职、退休等方面有歧视行为；公司不能允许强迫性、虐待性或剥削性的性侵扰行为，包括姿势、语言和身体的接触。

（5）惩戒性措施。公司不得使用或支持体罚、精神或肉体胁迫以及言语侮辱。

2. 工时与工资

（1）公司在任何情况下都不能经常要求员工一周工作超过48小时，并且每7天至少应有一天休假；每周加班时间不超过12小时，除非特殊情况及短期业务需要，否则不得要求加班；且应保证加班能获得额外津贴。

（2）公司支付给员工的工资不应低于法律或行业规定的最低标准，并且必须足以满足员工的基本需求，并以员工方便的形式如现金或支票支付；对工资的扣除不能是惩罚性的；应保证不采取纯劳务性质的合约安排或虚假的学徒工制度以规避有关法律所规定的对员工应尽的义务。

3. 健康与安全

公司应具备避免各种工业与特定危害的知识，为员工提供安全健康的工作环境，采取足够的措施减少工作中的危险因素，尽量防止意外或健康伤害的发生；为所有员工提供安全卫生的生活环境，包括干净的浴室、洁净安全的宿舍、卫生的食品存储设备等。

4. 管理系统

公司高管层应根据本标准制定符合社会责任与劳工条件的公司政策，并对此定期审核；委派专职的资深管理代表具体负责，同时让非管理层自选一名代表与其沟通；建立适当的程序，证明所选择的供应商与分包商符合本标准的规定。

第六节

采购供应链组织

在辅导和咨询过程中，我经常会被问到如何搭建组织结构。严格来说，组织结构的设置属于人力资源管理范畴，超越了我所擅长的领域。鉴于我在外企、民企、创业企业都工作过不短的时间，对于不同企业以及企业在不同阶段的组织特征有一定了解，在此我分享两点：第一，关于以终为始的思考；第二，关于企业不同成长阶段的组织设计心得。

关于以终为始的思考

以终为始就是在设计组织结构之前，清楚了解供应链组织在今后 1 ~ 3 年的目标是什么。在目标确定的前提下，找到投资回报最经济的模式，去搭建组织结构。需要考虑的是，企业的用人成本，除了薪资、奖金、福利、社会保险，还包括替换成本。

聘用该等人员的投资回报率 =（采购成本＋体系搭建咨询成
本＋供应商资源获取成本）/组织人力成本

关于企业不同成长阶段的组织设计心得

此外，我想以企业的不同阶段为例，给出一些组织搭建的思
考方向。组织搭建没有标准模板，华为、阿里等成功企业的组织
特点并不一定适合你的公司和公司的现有阶段。值得学习和参考
的是它们设置组织结构的逻辑。同时，组织结构也和供应商关系
管理一样，需要及时反馈和迅速迭代。当发现组织结构影响团队
绩效表现的时候，就应该及时调整。组织需要保持这样的弹性，
适应灵活的组织结构变动。

中等规模且处于高速成长期的企业，注重高速增长和质量稳
定，不但要快，还要结果好，想要迅速超越竞争对手，做到更大、
更强，渴望一切外部的优秀案例、卓越实践，并且积极地在本企
业中效仿、推广。这个阶段的企业倾向于从标杆企业找到优秀人
员，给予其高管职位，以获得成熟的经验和方法，节省企业自己

摸着石头过河的时间成本。

中等规模的高速成长企业最可能吸引到什么样的人才呢？中等规模且处于高速成长期的企业，已经有能力提供不错的薪资福利，虽然未必能让人十分满意，但也不会太差。对人才的吸引力在于高速成长下的个人职业发展机会。有些企业还有资本化的计划，员工也能通过资本化获得可观的个人财富增长。中等规模企业通常能吸引到的是成熟企业的中级管理岗位人员。他们在大企业已经工作了一定年限，上升通道拥挤，而本人又有较强的职业发展进取心。这一类人愿意牺牲一点当前的薪资福利，换取职业发展的机会。这类人才的优点是，经过了系统化的训练，有良好的教育背景和优秀的职业素养。而他们普遍存在的问题是，缺乏自我认知，错把以往大企业的组织能力当作自己的个人能力，到了新的岗位后照搬大企业的行事方式——搭团队，雇用供应商，按 3 年、5 年的时间框架来规划工作。由于这类人才在大企业的职责范围窄且深，对跨专业知识融会贯通的能力通常也比较欠缺，在成熟度不高的企业中能很好地执行任务，但判断能力弱或者中等，缺乏前瞻性，和高管所需的预测、判断、担责、纠偏等综合能力不匹配。

应该说，这样的人才对需求企业是有帮助的，但短板也非常明显：第一，企业虽然有能力负担较高的薪资，但是会破坏现有的薪资结构。跟随企业一起成长起来的资深员工可能会感到不公平，进而影响团队的和谐与士气；第二，这一类人才加入之后，适应能力对他们来说是个大的挑战。很多成熟企业的员工"下凡"，进入成长型企业后，常常会缺乏认同感和归属感，不但无法给现有组织带来新的能力，反而对自己每一天的工作都感到十分煎熬。

这些现象都非常常见，也都不难理解和预见。要解决这个问题，我们还是得回到原点——当我们评估是否引进这个人才的时候，需要考虑投资回报率。

首先，聚焦目标，即这个人是来解决什么问题的，企业如何帮助这个人在最短的时间内完成这个目标。目标不能太多，也不能太笼统。

例如，今后的 1 年时间里，供应链希望这个人解决的问题是搭建流程体系，而这项能力在内部不存在。那么我们势必要向外部寻求资源。获得外部资源的成本，相比于内部的资源成本，哪一个投资回报率更高？如果招募的回报率更高，那么下一步我们需要评估候选人是否拥有当下公司急需的能力和经验，以确保我们聘用某位人才不是为了任何其他的因素。当然，组织和人都是复杂的，我们无法屏蔽所有的干扰因素，但是，在做分析和思考的时候，可以把这些干扰因素放在一边，优先把核心问题和解决核心问题的路径确定下来，不要让干扰因素影响对投资回报率的判断。

明确用人目的后，岗位设置以"最大程度聚焦目标的实现"为准则，让人才聚焦目标，确保主要目标实现之前，不被其他问题牵扯。很多时候不是人才没本事，而是企业的期望不够聚焦，找了一个沙僧，却把金箍棒交到他手上。

创业初期的企业通常有两类，一类是资金充裕的，另一类是草根创业，一分钱要掰成两半来花。不管是哪一类初创企业，在用人上都需要量入为出。资金充裕的企业比较容易犯的错误是，照搬行业内标杆企业的人力结构。

例如某一家美国品牌的咖啡公司，在建立之初就比照星巴克设立了所有的业务部门和职能部门，并且在行业中的头部企业物色了有 10 年以上的工作经验、但目前仍然没有升任部门主管的资深员工来担任本企业的部门总监。

我比较反对这样的做法。创业公司的业务规模尚小，没有必要为每一个业务部门和职能部门都安排一位总监级别的主管人员，完全可以一人兼任多职，按照"人""货""场"来分工。

例如，供应链负责"货"，涵盖采购、物流、计划、品控和研发。负责"货"的一号位应该是行业的高手，负责顶层设计，并且把力气活外包给社会资源。此外，拥有 10 年以上工作经验的职场"老人"，如果在成长性良好的公司中还没有升任到部门主管职位，大概率不会是行业内的顶尖人才，也不具备成为顶尖人才的潜力（只是大概率，面试官需要细心甄别）。成熟企业规模大、分工细致，很多人在专业上只懂一个很小的细分板块，本身不具备担任部门一号位的能力和经验。加之大企业或多或少有些官僚作风，很容易让人养成眼高手低的习惯。对于资金不充裕的创业企业来讲，更负担不起这样的高管人才。

经历过 3 家创业企业后，我总结出了以下方法，未必完全正确，大家可以参考。

首先，核心的管理团队要少而精，每个人负责不同的业务板块，按自己的专长分工。当然，这 3 ~ 5 人负责的领域并不一定全是自己最擅长的板块，但必须有一两个板块是在行业中堪称专业级别的。其他成员我倾向于找学习能力强、精力充沛、好学上进、主动积极的职场初级员工。特别是标杆企业培训过的初级员工，不仅成本可控，且职业素养良好。对于操作层面的工作，应选择外部供应商来完成。社会化分工越来越细致的今天，供应商在特定领域一定比你的内部团队做得更好。当然，使用外部供应商的成本可能会显得比较高。注意，这里我说的是"显得比较高"，不见得是真的比较高。我们仍然还是用投资回报率的逻辑推算，让数据来决策。一般来说，外部供应商服务众多客户，供应商的一个资深人员服务多家企业，他的人力成本就已经有其他公司替你分摊了。

其次，不断反馈迭代。没有任何一个组织结构是完美的，他山之石虽然可以攻玉，但是照搬照抄其他人的做法一定不是最适合你的。一个组织结构是不是高效，执行一段时间后自然会有答案。我们需要维持一定的弹性，以便随时做一些调整。人的问题非常复杂，一旦涉及组织结构的调整，就会出现人的情绪反应。这也是我主张初创企业更多使用外部协力供应商解决问题的原因之一。创业初期，我们很难把一切都想清楚，能做的只有不断、快速地试错和纠错。与外部协力供应商的合作关系可进可退，可以保持一定的弹性，可能是最合适的解决方案。

再次，打造学习型组织。有本书叫作《第五项修炼：学习型组织的艺术与实践》（*The Fifth Discipline: The Art & Practice of the Learning Organization*），作者为彼得·圣吉（Peter Senge），书中提到持续不断地学习是每个组织都需要做的事情。在组织内部，要有终身学习的氛围。知识结构日新月异，芯片的算力每过 18 个月就迭代一次，知识和信息已经多到让我们目不暇接，以人脑的力量没有办法容纳。读书、听书是成本最低的学习手段。

ChatGPT（OpenAI 发布的聊天机器人模型）出现后，AI 学习就变得更加靠近普通人了。通过多名行业专家的持续训练，AI 不久就能够担任企业的供应链助手，让企业以极低的成本获得一位"超级供应链总监"。这位"总监"不但能提供行业信息、问题诊断，还能提供落地路径的建议。AI 甚至可以推荐供应商，预测备选供应商的匹配度、绩效表现以及预警风险等。

组织通过内部学习和外部招募不断提升人才密度，组织就会如源头活水，自然涌现出杰出的创新想法。

最后，采购总监需要对自己的成长负责。作为整个组织的领军人物，采购总监必须保持持续学习的习惯，并且付诸行动。我不主张无效的学习，不赞成花钱去参加各种各样的"总裁班"。我推荐混沌学园的 U 型思考模式——看到现象，应该往下深挖，连续问"为什么"，找到最终的那个"为什么"之后再横向迁移，回到现象，得出结论。这样的结论才可能具有普遍性，才可能是可以举一反三的规律。拿别人的经验当故事听，故事中有一点或者两点能够给你启发，就已经实属不易。我建议大家学习这些案例故事背后的思考逻辑。

这些基本逻辑可以帮助我们屏蔽很多外部的杂音，迅速厘清决策的核心要素，找到因果关系，分辨相关关系，从而能够做出高质量的决定。在这个基础上，再叠加限制因素，通过这个过程做出来的决定，一定会比把所有因素糅杂在一起，通过长时间的争论而得出的折中方案要高效得多。在使用公式的过程中，我们甚至能发现公式的问题点，进而优化公式，或者创造出自己的公式。

本

章

≡**重点** ◎

提

要

1. 在工作中，我们总是希望更快、更强，想尽一切办法尽快抵
达目的地。速度固然是尽快抵达的重要因素，但方向的选择
则是最关键的因素。虽然没有人能绝对正确，但我们仍然有
办法做到减少错误。减少错误选择的方法就是，选择大概率
事件去做。没有人能预测未来，选择大概率事件，遵循了技
术发展的客观规律，顺应能源、通信、物流方式的变迁，符
合生产力和生产关系的变化，你的所求大概率就会得到。

2. 一个选择的标准，其实是由大概率事件决定的，大概率事件
有两个层级——短期目标服务长期目标。我们生活在一种
不确定的社会状态中，唯一能做的，其实就是在不确定中
寻找确定性。具体的方法就是要确定好短期目标和长期目

标。长期目标非常固定，不要出现经常性偏移，短期目标是可以修订和修改的，而短期目标是为长期目标服务的。

3. 双赢思维是一个被广泛讨论的概念，但真正在实践中做到并不容易。我们需要明白，双赢不仅仅是简单的利益交换，更是建立在双方利益一致的基础上的。正如查理·芒格所说，说服一个人要诉诸利益。只有当双方的利益一致时，才能真正实现双赢。

真正的挑战在于如何将这些理论知识应用到实践中，如何将这些理念贯穿到每一项工作和生活的大事小事中。

4. 在处理人际关系和团队协作时，及时沟通和表达自己的观点是非常重要的。如果我们因为脸皮薄或者不好意思而选择忍耐，这可能会导致问题积累并最终引发更激烈的冲突。

为了避免这种情况，我们应该在感觉到问题存在时就及时提出。这样做不仅是对对方的尊重，也是对关系的保护。因为有时候，及时沟通和表达观点可以迅速解决问题，使关系回到正轨。而拖延则可能会让问题恶化，甚至导致关系的破裂。

因此，我们要克服害羞和不好意思的心态，勇于表达自己的看法和感受。当然，在表达时应该注意方式方法，以避免引起不必要的争端。我们可以选择在适当的时机，用平和、理性的方式与对方进行沟通，以期达到更好的效果。

5. 个人职业成长中，我们要意识到关键性问题。唯一不变的就是变化，与高手为伍，不要胆怯；与智者同行，始终保持学习的姿态。面对技术的巨变和未来的不确定，始终要充满勇气。

勇气是创业和工作路上最重要的动力，缺乏勇气是自我保护的一种方式。人经常害怕什么？害怕失败，害怕自己固有的认知有动摇。我们要认识到自己是完整的，一个人越来越成熟，勇气会越来越大。

第六章

新知

不断精进，拥抱变化

AI 技术与供应链

AI 在供应链的应用

迄今为止，AI 在供应链，特别是餐饮供应链上的应用主要包含以下五个方面。

一是需求预测。AI 可以辅助分析历史销售数据，包括季节、天气以及政治、地缘关系等因素，或者不同时间段的需求量。它对餐饮行业或者食品、农产品相关的供应链，起到帮助人们更好地规划生产和采购的作用。

二是库存管理。前文提到过，星巴克的供应链体系在需求预测和库存管理方面更接近于工业企业，比一般餐饮企业更高效和精准。星巴克能够捕获到每家单店的每一杯咖啡的原料使用量，并实时反馈给供应链总部。企业通过 AI 可以进行实时的销售监测，并结合库存情况，来优化供应链全链路上的库存水平，避免库存的积压或者短缺，减少浪费。这项工作，传统上是由计划部门来完成的，AI可以替代相当程度的人力。

三是供应商管理。这里主要是指供应商的绩效数据采集和分析，包括交货准时率、订单完成率、产品质量合格率或者配送服务的响应速度、到货价格等。在多供应商、多送货地点的情况下，需要剔除很多约束因子，才能准确计算供应商的绩效表现数据，并非用简单的算术就可以解决。AI能够快速且精准地完成供应商绩效表现分析，帮助企业选择相对优秀的供应商，还能完成日常的供应商沟通（这个功能类似于智能客服的工作）。

四是物流优化。AI可以规划最佳的供应商到用户企业之间、门店与工厂之间的送货路径，结合库存数据和门店用量预测数据，规划出货物分配的最优方案。这样可以减少人力深度介入的消耗，达成运输成本、时效性、用户体验等多维度之间的最优平衡。

五是食品质量与安全管理。结合AI的算法，可以实时监测食品储存环境的温度、湿度，甚至农产品的生长环境。之前人们经常提到的智慧农业，用的就是物联网技术和传感技术。

此外，物联网技术和传感技术也被应用在仓储管理中，我们可以通过影像实时观察到库存食品的情况，比如有无发霉、变质等。

同样，在生产环境中，我们也可以结合算法，根据标准作业程序（SOP）来控制整个生产过程的安全性，以及提高产品质量的合格率和稳定性。

综上所述，AI 在整个餐饮供应链中，不仅针对餐饮企业本身，而且连接餐饮企业的上下游，从整个供应链条上辅助企业。

不过，目前 AI 并没有以餐饮企业为中心，将上下游供应链的各个环节进行整合，而只是在各个细分领域有一些相对比较成熟的技术应用。

AI 供应链助手能否替代人

有人问我，AI 供应链助手比真人采购更可靠吗？我想说，两者有各自的优势和劣势。

第一，AI 无法完全替代人。比如，人际关系管理以及主观的判断能力，包括人际相处的灵活性，都是 AI 助手不能完成或不具备的。AI 的优势主要体现在数据层面，它在收集数据和数据分析以及用数据来辅助决策方面，在可记录的数据量、计算速度以及工具调用的准确程度方面，都是人无法比拟的。

第二，时效性。人有正常的作息需要，比如感冒发烧、吃饭睡觉等，都会占据人的时间。而机器是不需要休息的，能够随时响应。

第三，自动化和智能化。机器人流程自动化（RPA）是一个人工智能自动化和智能化的代名词。一些基础的、系统性的重复操作，比如入库出库、进销存统计、财报分析等，以前都需要一个人坐在电脑前操作。RPA 能够做到自动化，只要根据你的角色岗位需要去录入路径，系统便会自动执行一系列操作，完成既定任务。结合 AI 算法的自动学习功能，它还会在你设定路径的基础上自动学习，进而做出优化。

简而言之，AI 助手在事务性、基础性工作以及在保证数据时效性和实时、自动化处理这几个方面比真人更有优势；而在人际关系管理、主观判断、供应商关系管理等一系列情感层面驱动的事情以及主观能动性方面，真人采购明显优于 AI 助手。

不过，AI 在餐饮供应链上的广泛使用是大势所趋，不管你愿意不愿意，都要拥抱这个变化。AI 会提升采购供应链岗位的入职门槛，在一定程度上挤压真人采购的就业空间，但 AI 不会替代真人采购。

善用 AI，让 AI 成为工作中的协同助手，为真人采购提供基础的解决思路、采购策略的思考框架、供应链的策略方向等。真人可以基于这些内容进行再加工。如果感觉这个方向还不错，那就可以拿过来，根据实际的情况、合作供应商的属性，再进行一些调整。

AI 供应链助手和真人采购，是相辅相成、互相补充、互相协作、共同发展的关系。

AI 会给餐饮行业带来怎样的巨变

根据我的调研和观察，在餐饮行业中，第一个出现 AI 应用的领域会是智能客服。自从 GPT 推出之后，国内的很多 AI 公司开始大力发展该领域。智能客服的优势是能够快速自我学习，根据不停的互动生成数据，令 AI 不断优化，从而更精准地回答一些常见问题。

智能客服的概念在很多年前就有了，应用最多的是银行 App（应用程序），没有借助 AI 之前，它是一个知识库。在借助 AI 之后，它可以基于过去的数据自动优化表达话术。

一些规模较大的餐饮企业，比如徐记海鲜，它们的餐位预定和超级菜单板块，可以根据客户的口味偏好以及过往的用餐习惯，自动生成个性化和定制化的服务。

第二个 AI 应用领域就是自动化生产和自动化服务。例如中央厨房、无人工厂或者黑灯工厂[①]，甚至一些餐饮店的后厨会借助机器人厨师，提高基础菜品的出菜速度以及保证菜品质量的稳定性。这些技术的应用将颠覆供应链生产环节和门店运营环节。

第三个是前文反复提到的数据决策分析，包括未来需求预测、库存优化、物流优化等，这些对于供应链效率、供应链组织结构、供应链工作方式都有显著的影响。

此外，在数据决策层面，还有数据营销（Data Marketing）。基于数据再结合算法，打造数字营销（Digital Marketing）。

基于数据驱动的营销，我们要适度地接受，要不断地通过数据去做真实营销，通过数据的积累不断学习和迭代。这是一件值得鼓励的事情。

不得不提的是，创新和管理随着 AI 的深入应用，也将出现

① 即智慧工厂，从原材料到最终成品，所有的加工、运输、检测过程均在空无一人的"黑灯工厂"内完成，无须人工操作，把工厂交给机器。工业机器人最直接的目的就是取代工厂人力，降低生产成本，提高生产效率。——编者注

巨大变革。

以媒体行业为例，抖音、视频号等，用户一刷就刷两三个小时，有一种被它们牵着走的感觉。平台会根据你平常的浏览习惯，包括浏览其他网站或者使用应用程序的习惯，向你推送你感兴趣的话题，不管是以视频的形式，还是以图片或文字的形式。所以，餐饮行业的工作者一定要有这种意识——技术介入细分领域后，会推动这个行业的创新和变革。尤其是 Sora[①]的出现，它极富想象力，你输入一段文字，它便可以直接用视频的形式来呈现。这对战略规划的模拟肯定也会起到促进作用，也可能是一个巨变。

技术的发展不以人的意志为转移，我们人类能够做的就是认识它、熟悉它、用好它。

---

① 可以通过文本描述生成视频的人工智能生成模型，由美国人工智能研究机构 OpenAI 开发。——编者注

大概率事件——没有人能绝对正确

　　站在这个时间当口，世界发生了巨大的变化，我回望来时的路，才明白哲学是追求人生真理的路径。人类一直试图理解宇宙的运行规律，不断探寻万物之间的联系，时至今日，也仍旧只是盲人摸象，我们唯一确定的就是——人类的渺小和宇宙的深不可测。

　　人类文明尚且如此，何况个人的认知能力呢？我们观察任何事物，都受视觉系统（眼睛、脑神经）的生理限制，我们看不到视野范围以外的东西，因此，"眼见为实"也不一定是真理，那些受生理限制而看不见的东西，完全有可能真实存在。这一秒你认为正确的，可能在下一秒、换一个情景就立刻被颠覆（见图 6-1）。我们做出的判断和得出的结论，也全部被框定在自己的知识结构之内。因此，我们要时刻提醒自己用第一性原理来思考，要开放、要倾听、要跨行业学习，边界越开阔，就越接近真理。

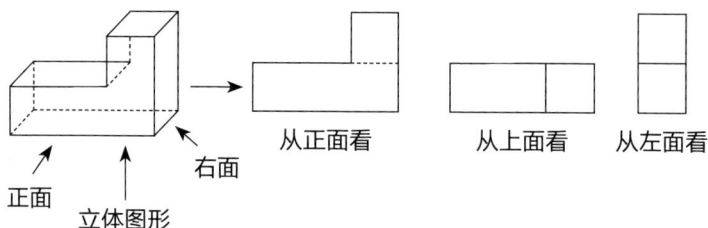

图 6-1　"眼见为实"不一定是真理

　　因为知道自己的认知局限，所以我们会借助外力帮助，和不同的人讨论，请教他们的看法。尝试从不同角度，比如远近、高低、你我、利弊等，进行多重思考和分析。当然，信息多了也容易让人迷失，莫衷一是。因此，我们还要学会挖掘本质逻辑——找到因果关系的那个"因"，而不是把注意力放在"果"上，或者错误地在相关因素而非因果因素上花力气。

　　我见过一家初创公司，员工虽然没有经验，但热情高涨，经常在手机上讨论工作到半夜。成立不到一年，总经理就开始严格管理考勤。原因是某天早上，总经理到办公室发现一个员工都不在岗位上。实施考勤制度不到一个月，总经理发现员工严重超时工作，公司需要承担巨额加班费。于是，总经理给出了一个新方案——上班按时打卡，下班不用打卡。

接下来发生的事情就是，员工到点就下班，没人愿意多待一分钟；工作群在非工作时段除了总经理自己，其他人都是沉默的。对于一家初创企业来说，激发员工工作热情的是使命愿景，是对企业发展前景的信心，是个人价值得以实现的满足感。这位总经理显然错把考勤当作激发员工勤奋工作的"因"，所以注定得不到他想要的"果"。

虽然没有人可以做到绝对正确，但我们仍可以追求大概率事件，来提高正确率。2000 年，我在读 MBA 的时候，教授宏观经济学的老师是华东理工大学的石良平先生。课堂上有同学问："房价已经如此之高，现在是否还应该买入？"石教授回答："假设今后 10 年、20 年的通货膨胀概率几乎是 100%，固定资产的增值也就是极大概率的事情。"2020 年的时候，有晚辈问我："学区房是否值得买？"我回答："抑制炒作学区房是大概率事件，所以，我认为不买。"

没人有水晶球，未来无法准确预测。所谓的"神算子"无非是选择大概率事件罢了。

　　最后就是，不要追求完美答案，因为你等不到绝对正确的答案。生活就像剖面图，无论从哪一个侧面看，都只是看到了冰山一角。

成长与成功都需要不断迭代总结

　　我所理解的成功包括两个要素，第一个要素是对社会有用，对人类有益；第二个要素是让自己满意，人格整合完整。我不是什么成功人士，我觉得自己最大的成功就是成为我今天的样子——能够不断地自我迭代，始终保持学习，不停地反思，对社会有所贡献。这个贡献包括交了不少税，为社会养育了一个有责任心的公民，也曾经帮助过很多陌生人，支持过年轻同事实现梦想。

　　我记得有一次，我所在的公司要招聘一名供应链数据管理人员。来应聘的年轻人中，有一位是专业财务人员，我觉得她的素质超越了我们的职位要求。正巧我有一个朋友正在招募初级的财务人员，我就把她推荐过去了。没想到她居然在当天就顺利入职了我朋友的公司——一家外资医药公司。这位年轻姑娘后来打电话向我表达感谢，因为她实在是没想到一个陌生人会毫不犹豫地帮助她。

2008—2018 年，我在上海市精神卫生中心担任心理援助热线接线员。在这 10 年的志愿者工作中，我遇到过一些企图自杀的抑郁症病人。我印象比较深刻的是一位刚刚丧偶的 70 多岁的老太太，她有非常强烈的自杀倾向。在我和同伴们持续的干预下，老太太恢复了健康，如今和子女生活在一起。

我还实现了与自己的和解，认识到了自己的不足和软弱，也原谅了自己的很多无能，认可自己曾经做出的努力和取得的收获，能够平和、温柔地看待自己。

我们这个年龄的人享受了中国经济高速发展的红利。我们职业生涯中最好的年华正好和中国经济高速发展的 30 年重叠。那个时候我总觉得找工作非常容易，一路走来，职业发展始终都处在上升期。

我的第一份工作是国家分配的，我们这一届大学生可能是毕业后包分配的最后一届了吧。我学的是对外贸易专业，选择这个专业的原因也很简单，就是听说就业比较容易，毕业后的工资也比较高。毕业以后，我由外经贸委分配到了专业外贸公司。第一年我就拿到了 25 000 元的年终奖金，这个数字在当时上海月工资才一两千元的时候，确实让我爸妈都吓了一跳。

后来，在投出无数简历后，我被中国百胜餐饮集团（当时的百事餐饮集团）录用。在那里工作的 12 年，每一年我都能升职一次，从助理一路做到了部门的副总监，而公司在这个阶段也迅速发展，从最初我加入公司时的 100 多家门店很快发展到几千家门店的规模。离开百胜中国后，我空降到一家民营的餐饮公司担任副总裁，那一年我 36 岁。之后，我又回到了外企，一直到 2021 年开始进入半创业的状态。

每一次跳槽，我都被更大的职责范围和更难的工作任务吸引，每一次都想去挑战新的领域和更艰巨的任务。不断拓展自己的边界，是我跳槽的唯一诱因。现在回想起来，其实自己的职业选择并没有多么睿智，我的成功是这个时代所造就的。我相信跟我同时代的人，只要足够勤奋和不算特别愚钝，可能大多能够在职业发展上获得自己想要的成绩。所以，我也没有什么特别的经验可以传授给大家，因为与其说我在职业发展路径上做了多么正确的决策，还不如说我是这个时代的获益者。

如果一定要说经验的话，我还是那句话：热爱你所做的。要么你足够有智慧，从很年轻的时候起就非常清楚地知道这一辈子想要的是什么，不然的话，就去爱上你所做的吧，这样一定会有所收获。并不是所有人都能够天生幸运，也不是所有人都能够在年轻的时候就获得智慧，当我们还不够有智慧的时候，能够做的就只有保持单纯、保持赤诚、保持热爱，珍惜你手里拥有的而不过多思虑其他。

当下适合开一家咖啡馆吗

我经常听到女生们说，想开一家美好的小店，可能是一家花店，也可能是一家小书店，或者是一家小小的咖啡馆，我曾经也有过一样的梦想。

开一家小店，一切按自己的喜好来布置，亲手打理一切，闲时招待知己好友，喝喝咖啡，聊聊人生，听听八卦，用时间、精力、金钱去打造一幅岁月静好的温馨画面，这可能是大多数女生对于理想生活状态的想象吧。

我觉得这是可以实现的，如果不以营利为目的，开一家这样的小店不是一件特别难的事。只是，你需要恒久的耐心和毅力，日复一日地把自己的大部分时间都花在琐碎的店铺运营上。书店也好，咖啡店也好，花店也好，外表看起来的美好可能只是一瞬间的，你要有足够的坚持，愿意把自己的所有时间和精力都用于每天点点滴滴的琐碎事务。此外，因为门店是对公众开放的，除了趣味相投的朋友，你也会遇到各种各样的人，会遇到美好，也会遇到种种不堪。开店的绝大部分时间是很琐碎、很枯燥的，甚至还会被同行打压，被恶人欺负。你准备好遇见不堪了吗?

未来的咖啡馆一定是千姿百态的，咖啡馆的数量会越来越多，咖啡馆的形态也会异彩纷呈，消费者对咖啡馆的审美也会变得丰富多样。会有大型的连锁咖啡馆，提供标准化的咖啡和服务;也会有大量的个人品牌或小规模的连锁品牌，提供差异化的产品和服务体验。咖啡馆将变得越来越容易经营，只要给它一些土壤，它就能生根发芽。

咖啡馆的选择越来越丰富，每个人都有选择心仪咖啡馆的自由，我坚信咖啡馆这个行业会越来越繁荣，人们享用咖啡会变得越来越平常。咖啡馆也会出现一些新奇的商业组合。整体的咖啡品质水准会越来越高，品质的好坏与企业规模的大小并没有必然的关系。上海规模较小的咖啡品牌口味都做得不错，而大品牌的，顾客认知度更高，顾客感到更安全。咖啡行业的整体水平提高，倒逼那些以标准化为特点的品牌去进一步提升产品口味和质量，在上海，这样的发展趋势已经非常明显了。

如果我自己创业，会不会去开一家咖啡馆？可能会。我还是非常痴迷于咖啡这个行业的，但是我至今还没有真正找到能够给咖啡行业、给消费者带来创新价值的创业想法。对于创业，我始终认为，需要从哲学的高度来审视，而不是以满足资本的获利欲望为目的。大家都在说餐饮零售赛道已经"卷"到生无可恋的地步了，我认为"内卷"的根本原因不是消费疲软，而是缺乏创新，你的产品或项目没有为顾客、行业、社会提供新的价值。

我曾经和一位年轻的成功创业者聊天，谈到他的新项目，其模式是模仿一家正当红的品牌，把选址放在这个品牌的旁边，所有产品都模仿对标品牌，但定价便宜 20%。不得不承认，这个模式有较高的概率可以赚到快钱。但是，我听了之后心里还是感到不舒服，已经成功的创业者，再次创业肯定不是为了生计，却没有选择创造新价值，而是选择了简单粗暴的赚钱方式，把别人碗里的肉抢到自己碗里来，最终结果只能是大家都没有肉吃，只能喝一口汤。

不去探索难而正确的事，也就不可能获得有价值的成果，最终只能是不断"内卷复内卷"。

　　把新的技术应用到餐饮这个传统行业中，往"去中心化""产消合一"（生产者即消费者）的方向去探索，这才是我认为有前途的新物种、新组合。雀巢旗下的 ROASTELIER 小型咖啡烘焙机，将咖啡烘焙从大规模集成生产转变为小批量分散化，令每一家咖啡门店都可能成为咖啡烘焙工坊，现场鲜烘无限靠近终端消费者，使"产消合一"成为可能。这个模式配合物联网的加持，可能将会产生革新整个行业的供应链模式。目前这个模式尚在初步尝试阶段，如何真正为行业、为顾客创造新价值，还有待于更多的探索和努力。

　　随着技术对生产力的推动，生产关系会发生极大的变化，公司与个人会形成相互依赖、相互平衡的关系。企业主或者创业发起者与员工（创业参与者）将形成合作、合伙与共生的关系，而不再是支配者雇主和被支配者雇员之间的关系。

　　在餐饮行业以及餐饮供应链这个古老行业的发展道路上，我们需要与时代同频，不沦为时代的眼泪。

本

章

≡ **重点** ◎

提

要

1. 任何单一因素都无法让一家企业获得成功，但任何单一因素
足以让一家企业失败。

创业的艰难在于影响因素太多，有一定的随机性，并不是
说只要你努力就可以了。我们是要讲道还是要讲术？道的
层面大家道理都懂，但绝少有人能够做到，一旦能够做到，
你就能有一番成就。创业不是很难成功，而是创业有自己
的密码，能够破译的人很少。

2. 在当今信息爆炸的时代，获取知识变得越来越容易，但有两
点是比较难的。

第一，如何整合、梳理这些知识并将其应用到实际工作和

生活中，仍然是一个难题。这就是我能够提供的价值。我能够帮助大家整合和梳理采购知识点，引导大家如何将所学知识应用到实际中，从而提升个人和团队的工作效率。

第二，除了知识的整合和应用，底层逻辑的掌握也是至关重要的。无论哪个行业、哪个领域，底层逻辑都是相通的。但要真正理解和掌握这些底层逻辑，需要个人的努力和机缘。当你成长到一定程度时，你会突然领悟到它们的真谛，它们将成为你成长道路上的法宝。

3. 创业是一场苦修，当老板确实有机会获取超额财富，但也必须承担极大的心理压力。首先，创业是没有钱拿的。企业的分配是员工优先，老板劣后。面屋庄野于 2020 年年初在上海开设了第一家中国门店。员工招募完成后，老板带领员工在宿舍培训和学习，把运营手册反复研读了 4 遍。虽然因为特殊原因没有开业，企业没有一分钱收入，但其间老板与员工同吃同住，没有拖欠员工一分钱薪水，还承担了全部食宿费用。这不是单靠资金支持就能做到的。

4. 有句话说：做难而正确的事，其他都不用做。但是没人告诉我们什么是正确的事。我觉得，所谓正确的事就是符合基本原则的事。基本原则就是不贪婪、不胆怯、不嫉妒、不懒惰。

5. 史蒂夫·霍夫曼（Steven Hoffman）说，AI 的认知是窄且深的，人类的认知是宽且浅的，两种认知完全不同。目前而言，AI 不会完全替代人类。采购的高级职位需要广泛的知识以及融会贯通、举一反三的能力，而采购的初级职位可能很快会被 AI 取代。

结语

写给身为职业女性的你

在这个时代，除非你含着金汤匙出生，不然的话总要有谋生的手段。

老子说：吾所以有大患者，为吾有身。人总要吃饭，要有安身之所，要有衣服穿。只有衣食无忧，人的心灵才有可能自由。

即便不需要谋生，人也总要找到能体现自己价值的一件事情。生而为人，内心都有肯定自己价值的渴望。

对于处在不同人生阶段女性的职业选择，并不是按照年龄来划分的，也并不是完全按照人生的不同阶段来划分的，而是按照这一个体的成熟程度来划分的。例如，一个刚刚大学毕业的女孩，她已经非常清楚自己的人生目标，知道自己想要的是什么，那么尽可以大胆地按照自己的想法去选择。如果完全不知道自己要什么，那就只能去试错，直到找到自己热爱的事情。当然，在这个过程中，一定会走一些弯路，有的人认为这是浪费时间，错付了青春年华。但我认为这就是你没有早早认清自己的人生目标而需要付出的代价。

我就是那种不清楚自己到底想要什么的人，我的第一份工作是被分配的，不是主动选择的。我想很多人都有这样的过程，直到工作很多年之后，仍然不知道自己真正的兴趣所在。对于像我这种资质平庸的人来说，比较实用的方式是"干一行爱一行"，既然已经做了这份工作，那就投入更多的精力去研究、探索，去爱上这个职业，去成为这个领域的专家。你逐渐就会发现，你好像真的很喜欢自己的职业。

对于刚刚结婚生子的女性来说，其实也一样。只要找到自己的热情所在，就不会迷失方向。当你从女儿变成妻子和母亲时，你需要承担更多的家庭责任，那么这势必会分散你的精力和时间。但这仅仅是阶段性的，并且只是程度的不同。假设你对自己的人生目标非常清楚，那对你来说只是在这一段时间里，调整一下你的时间和精力的分配而已，方向并没有改变。就好比你从 A 点走到 B 点，并不需要总匀速前进。身上包袱多的时候可以放慢脚步，没有负重时可以加速前进。只要方向不变，总有机会在某一个阶段追回失去的速度。

人到中年的时候，拼的是经验、阅历和资源积累。如果你还停留在体力和知识的竞争上，那是不对的。有些女性到了这个年龄，她的经验、阅历积累到一定程度，如果能够给所在的企业提供年轻职员提供不了的价值，那么她的职业含金量是会随着年龄增长而增长的。一个 40 岁的工段长让人感觉已经挺老了，而一位 40 岁的副总裁让人感觉却非常年轻。

我无数次地被问过"身为职业女性应该如何平衡工作和生活"。我对工作生活如何平衡的看法是"不存在平衡"。你的时间花在哪里，就在哪里有收获。我的大部分时间都花在工作和学习上，我不擅长做家务，也不是一个完美的妈妈。我在工作和学习中的收获大大超出了生活领域的收获。我的孩子一路在名校读书，如今在 QS 世界大学排名①前 20 的学校攻读博士学位。我在她身

① 由英国国际教育市场咨询公司 Quacquarelli Symonds（简称 QS）所发表的年度世界大学排名。

上花的时间不多，只在几个关键节点给予她无条件的支持和人生体验的分享。幸运的是，目前看起来效果还不错。

工作和生活没有平衡可言，只有"种瓜得瓜，种豆得豆"。每个人都只拥有同样的一天 24 小时，一年 365 天。不同的是效率，有的人能在同样时间内完成高出别人几倍的工作绩效。高效能的人在某处投入的时间尽管看起来不多，但取得的回报却比花了更多时间的人更高。这可能就是有人会误以为在生活和工作中都取得好成绩的人，一定有平衡工作和生活的好方法的原因吧。

如果你向往这样的"平衡"，我的建议是让自己变得更高效，总的效能提高了，你分配给工作或生活的能量就比之前更多了，结果自然也会更好。

所以，总结一下，拿到好结果的秘诀就是不断"把饼做大"。